HISTÓRIA DA CRIMINOLOGIA CRÍTICA

SÉRIE ESTUDOS JURÍDICOS: TEORIA DO DIREITO E FORMAÇÃO PROFISSIONAL

Tiemi Saito

Rua Clara Vendramin, 58 . Mossunguê . Cep 81200-170 . Curitiba . PR . Brasil
Fone: (41) 2106-4170 . www.intersaberes.com.br . editora@intersaberes.com

Conselho editorial Dr. Alexandre Coutinho Pagliarini, Dr.ª Elena Godoy, Dr. Neri dos Santos, M.ª Maria Lúcia Prado Sabatella ▪ **Editora-chefe** Lindsay Azambuja ▪ **Gerente editorial** Ariadne Nunes Wenger ▪ **Assistente editorial** Daniela Viroli Pereira Pinto ▪ **Preparação de originais** Fabrícia E. de Souza ▪ **Edição de texto** Letra & Língua Ltda. – ME ▪ **Capa** Luana Machado Amaro ▪ **Projeto gráfico** Mayra Yoshizawa ▪ **Diagramação e *designer* responsável** Luana Machado Amaro ▪ **Iconografia** Regina Claudia Cruz Prestes

Dados Internacionais de Catalogação na Publicação (CIP)
(Câmara Brasileira do Livro, SP, Brasil)

Saito, Tiemi
  História da criminologia crítica / Tiemi Saito. -- Curitiba : Editora Intersaberes, 2023. -- (Série estudos jurídicos : teoria do direito e formação profissional)

  Bibliografia.
  ISBN 978-85-227-0382-1

  1. Criminalidade 2. Criminologia crítica 3. Direito penal I. Título. II. Série.

22-140614   CDU-343.9

Índices para catálogo sistemático:

1. Criminologia : Direito penal 343.9

Cibele Maria Dias – Bibliotecária – CRB-8/9427

1ª edição, 2023.

Foi feito o depósito legal.

Informamos que é de inteira responsabilidade da autora a emissão de conceitos.

Nenhuma parte desta publicação poderá ser reproduzida por qualquer meio ou forma sem a prévia autorização da Editora InterSaberes.

A violação dos direitos autorais é crime estabelecido na Lei n. 9.610/1998 e punido pelo art. 184 do Código Penal.

Sumário

13 ▪ Prefácio

17 ▪ Apresentação

21 ▪ Introdução

Capítulo 1
25 ▪ **As ciências criminais e a criminologia**
26 | A questão criminal e seus estudos
34 | *Malleus Malleficarum* e a origem da criminologia
47 | O nascimento da criminologia crítica a partir
da *Cautio criminalis*
53 | Um novo instrumento para *Surveiller et Punir* (Vigiar e punir)
60 | A humanização *dei delitti e delle pene*

Capítulo 2
69 ▪ **Teorias da pena**
70 | Um constante fazer sofrer
77 | Direito penal clássico e a teoria absoluta da pena
82 | Escola moderna do direito penal e a teoria relativa da pena
87 | Direito penal do risco pós-moderno e a teoria da
integração/prevenção da pena
90 | A teoria mista da pena e a fragmentação das teorias da pena

Capítulo 3
95 ▪ Criminalidade e criminalização
97 | Sistema penal: punição e estrutura social
109 | Revisitando as origens do sistema penitenciário
(séculos XVI-XIX)
117 | A relação entre cárcere e fábrica
123 | Sistemas penitenciários e a exploração da força de trabalho
129 | Quem é o inimigo no direito penal?

Capítulo 4
139 ▪ Criminologia crítica e o fim das prisões
140 | A criminologia radical
148 | Em busca das penas perdidas
155 | Crise da legitimação do cárcere
173 | O fim (utópico) do cárcere no *Manifesto para abolir as prisões*

191 ▪ *Considerações finais*
199 ▪ *Referências*
207 ▪ *Sobre a autora*

Dedico a Ronaldo Shigueo Saito
(in memoriam), *com amor e saudades.*

Gratidão a Deus, pela luz divina,

gratidão pai e mãe, pela vida e pelos ensinamentos,

gratidão família e amigos, pelo carinho e pela torcida sempre,

gratidão Ana Paula de Oliveira, pela parceria e apoio incondicional,

gratidão professores e amigos André Peixoto de Souza, Debora Cristina Veneral e Benhur Gaio, pelo carinho, pela confiança e pelas orientações.

"*A nossa história não é linear, nem evolutiva; ela é feita de rupturas e permanências. Se a história da criminologia é uma acumulação de discursos, podemos ver o positivismo como uma grande permanência: transfigurado em funcionalismos, estruturalismos e outros ismos, mas sempre lá, como um corpo teórico, uma maneira de pensar e pesquisar que sempre nos afastou do nosso povo.*"

Malaguti Batista, 2011, p. 17

Prefácio

Recebo com honra e alegria o convite de prefaciar a obra criminológica da professora Tiemi Saito, que vem se dedicando há pelo menos cinco anos ao tema, desde uma pós-graduação em Criminologia Crítica sob a batuta do professor Juarez Cirino dos Santos, no Instituto de Criminologia e Política Criminal (ICPC), até seu mestrado em Direito no Centro Universitário Internacional Uninter, ocasião em que tive a oportunidade ímpar de orientá-la, resultando na dissertação intitulada *O sistema punitivo e a crise da ideologia legitimante do cárcere: um discurso histórico sobre reeducação e reinserção.*

Em sua pesquisa, Tiemi resgatou importantes antecedentes sobre a formação da criminologia crítica brasileira, sem esquecer dos clássicos que moldaram o pensamento criminológico ocidental, desde Evguiéni Pachukanis e a dupla frankfurtiana Georg Rusche e Otto Kirchheimer até os italianos Alessandro Baratta e Massimo Pavarini.

Maturando o trabalho de mestrado, Tiemi partiu para a organização de um livro, agora vinculado ao vigoroso projeto editorial do curso de Direito do Centro Universitário Internacional Uninter, que ora se intitula *História da criminologia crítica*, aqui apresentado e veementemente recomendado.

A estética escolhida pela autora é deveras peculiar e extremamente didática: a cada tema, a abordagem profunda de uma obra.

No primeiro capítulo, genérico e introdutório à temática, Tiemi trabalha os famosos textos medievais de caça às bruxas como origem de uma possível criminologia, avançando para as célebres pesquisas de Beccaria e Foucault. O segundo capítulo aborda, nesse particular, o direito penal clássico, a escola moderna – e pós-moderna – e a teoria mista da pena. O terceiro capítulo trata do **fenômeno** (ou artifício?) da criminalidade e criminalização, com Lombroso, Carnelutti, Rusche-Kirchheimer, Melossi-Pavarini e Zaffaroni. E o ousado quarto e último capítulo, abolicionista por vocação, invoca os grandes manifestos criminológicos contemporâneos: A *criminologia radical*, de Juarez Cirino, *Em busca das penas perdidas*, de Zaffaroni, *Manifesto para abolir as prisões*, de Genelhú e Scheerer, e *Pelas mãos da criminologia*, de Vera Andrade.

A que vem o livro da professora Tiemi Saito? Como dito, a encomenda é servir de manual introdutório a estudantes de criminologia. Inserido na série *Estudos Jurídicos*, ousado projeto que conta com quase uma centena de obras destacadas, o livro atende com louvor às expectativas e cumpre meritoriamente seu desiderato. Mas é possível enxergar objetivo transcendente a esse: o de insistir – agora de modo organizado como pouco se viu na literatura jurídico-penal – em uma temática cada vez mais urgente na sociedade de controle em que vivemos. Afinal, a história da criminologia, e mais especificamente a história da criminologia **crítica**, é campo de excelência para compreensão [crítica] das mazelas sociais que tanto nos rodeiam nos quesitos *violência, criminalidade, marginalidade, (des)igualdade, normalização*. É por meio do estatuto criminológico da periogosidade que podemos bem entender o que se passa na seleção de pessoas em um contexto liberal, ou neoliberal, conservador e meritocrático como o que troveja no mundo contemporâneo.

Enfim, é pelo estudo sistemático e rigoroso da criminologia crítica através da história e da historiografia criminológica – como exatamente aqui propõe Tiemi Saito – que podemos bem (ou mal) notar as paradoxais contradições do sistema econômico em que estamos metidos desde o século XVI. Se não tomarmos atitude revolucionária, consoante proposto ao final do livro, e de acordo com a mais seleta doutrina crítica do Brasil e do mundo, a tendência é piorar. Nesse sentido, Tiemi é revolucionária.

Na esperança, então, de haver apresentado a contento esta obra que se faz, como dito, pertinente e urgente, reforço meu cumprimento e meu abraço a essa querida aluna e amiga, agora colega de cátedra, Tiemi Saito, pelo belíssimo esforço de pesquisa e pela finalização do livro que aqui lança a público.

André Peixoto de Souza
Professor-pesquisador do Programa de
Pós-Graduação *Stricto Sensu* em Direito do Centro
Universitário Internacional Uninter
Doutor em Direito pela Universidade
Federal do Paraná (UFPR)
Doutor em Educação pela Universidade Estadual
de Campinas (Unicamp)

Apresentação

A obra que ora se apresenta tem como objetivo promover uma análise de aspectos historiográficos relevantes do percurso pelo qual se constituiu a criminologia crítica e, como consequência lógica desse fim, perceber os aspectos político-econômicos que envolvem toda a sistemática engenhada pelo e para o exercício do poder punitivo.

Para dar início aos nossos estudos, no primeiro capítulo, buscaremos compor e compreender a dimensão das **ciências criminais e da criminologia**, esclarecendo onde se localizam tais ciências e quais são seus objetos de estudo. Adiante, marcaremos a história do direito penal, do processo penal e da criminologia com o manual inquisitório *Malleus Malleficarum*, que, de uma forma não oficial, deu início aos debates criminológicos fundamentado nos discursos dos demonólogos. Uma das sementes da criminologia crítica se apresenta pela *Cautio criminalis*, opondo-se ao modelo punitivo da época e trazendo à baila diversas indagações sobre o poder punitivo. Neste caminho, percebemos que surge na história das penas **um novo instrumento para vigiar e punir**, mas que, além de um projeto arquitetônico, trouxe em sua essência a noção de vigilância e disciplinamento pertinente ao sistema prisional, sistema este que, no âmbito do discurso, firmou-se sob o manto da **humanização dos delitos e das penas**.

O segundo capítulo tem a finalidade de rever as **teorias da pena**, que, no decorrer da história e até os dias de hoje, parecem não cumprir nenhuma de suas promessas argumentadas pelas mais diversas narrativas, mas sim consubstanciar a prática de **um constante fazer sofrer**, como se o sofrimento de alguns garantisse a felicidade de outros. Assim, localizaremos nos respectivos contextos históricos as discussões desenvolvidas pelas escolas jurídicas e seus principais aspectos acerca da questão criminal.

No terceiro capítulo, as abordagens envolvem os aspectos historiográficos que permearam e permeiam as noções de **criminalidade e criminalização** e, por fim, articulam-se os diferentes contextos para declarar quem é o inimigo no direito penal. Será preciso perceber o sistema penal como reflexo da realidade social, evidenciando o paradigma pretensamente igualitário do direito penal, que, em sua essência, concretiza-se como extensão da marginalização social; como ferramenta de punição utilizada para manutenção da estrutura social à qual pertence, que se descobre a partir do modelo de produção vigente e tende a garantir sua manutenção. Nesse sentido, veremos também a relação existente entre cárcere e fábrica, observando a origem do sistema penitenciário da Europa e dos Estados Unidos.

O quarto e último capítulo é destinado à análise da **criminologia crítica e do fim das prisões**, apresentando primeiramente as bases da criminologia crítica, também conhecida como *radical*, que não se sujeita às teorias legitimantes da pena e aos discursos do direito penal, mas aponta os fenômenos de criminalização primária e secundária, a seletividade estruturante do sistema punitivo, as cifras ocultas do crime, a infreável e desumana crise carcerária no Brasil. Precisaremos andar **em busca das penas perdidas**, uma vez que as promessas que se erguem para a manutenção do Estado punitivo não mais encontram fundamentos fáticos diante da crise da legitimação do cárcere. Talvez o fim utópico do cárcere – de melhoramento do ser humano – que não pôde se concretizar se apresente como um indicativo de que precisamos pensar novamente, ainda que utopicamente, no fim das prisões.

Diante dessa proposta, gostaria de convidá-lo ou convidá-la para uma breve caminhada pela história das penas e de suas teorias legitimantes, dos discursos e das críticas, dos crimes e dos sistemas criminais, das criminologias e da realidade estrutural social, bem como da necessidade humanitária de um novo paradigma.

Introdução

Os estudos que envolvem a violência e a barbárie – horizontal e vertical – no âmbito do direito permanecem constantemente na busca dos conteúdos que mais fascinam desde os telespectadores curiosos da grande mídia policialesca àqueles(as) que ocupam os mais altos escalões das academias e dos poderes dominadores, repletos(as) de dogmas, teorias, argumentos, teses, forças e influências econômicas, políticas e sociais.

Percorreremos a historiografia da criminologia crítica pautando-nos, principalmente, na revisão bibliográfica de grandes clássicos que constituem, para nós, referências obrigatórias. Entre eles, teremos alguns que são notoriamente conhecidos e reconhecidos, inclusive por constituírem leitura obrigatória do(a) acadêmico(a) de Direito, tais como a crítica ao sistema de penas corpóreas e a fundamentação legitimante da nova era de penas "humanizadas", de Cesare Beccaria, conhecida como *Dos delitos e das penas*, e a contribuição marcante de Michel Foucault em *Vigiar e punir*, no que se refere à origem do cárcere como pena principal do sistema de justiça criminal.

De igual importância, traremos ao debate a obra deflagradora da relação existente entre o sistema de punição estatal e a estrutura social de Georg Rusche e Otto Kirchheimer, assim como a tese econômico-política de Dario Melossi e Massimo Pavarini e, por outro lado, o não tão conhecido – por sua própria origem sombria – primeiro manual de direito penal, processo penal e "criminologia", de Heinrich Kraemer e James Sprenger, que foi um dos grandes responsáveis pela caça às bruxas, entre outras excelentes e necessárias obras criminais, penólogas e criminológicas.

Revisitaremos também as bases da criminologia crítica, que nos darão respaldo teórico, por meio das obras de Eugenio Raúl Zaffaroni, Alessandro Baratta, Nilo Batista, Juarez Cirino dos Santos, Alejandro Alagia, Luigi Ferrajoli, Vera Malaguti Batista, Vera Regina Pereira de Andrade, Amilton Bueno de Carvalho, Salo de Carvalho, Soraia da Rosa Mendes, entre outros e outras que analisaram e construíram suas teses criminológicas para além das ideologias iluministas e de fundamentos ilustradamente igualitários.

Para tanto, adotaremos uma abordagem dialética e, mais especificamente, materialista histórica, a fim de fundamentar a estrutura do texto na perspectiva de luta de classes, demonstrando que

> o desenvolvimento dialético dos conceitos jurídicos fundamentais não apenas nos oferece a forma do direito em seu aspecto mais exposto e dissecado, mas, ainda, reflete o processo de desenvolvimento histórico real, que não é outra coisa senão o processo de desenvolvimento da sociedade burguesa. (Pachukanis, 2017, p. 76)

Assim, faço votos para que encontre neste breve relato – por vezes descompassado – da história dos pensamentos jurídicos que consubstanciaram a criação do fato punível, da força exercida para a suposta defesa social, do sistema punitivo e dos respectivos discursos legitimantes, relegitimantes e deslegitimantes pautados nas diversas correntes criminológicas e, em especial, na **criminologia crítica**.

Bons estudos!

Capítulo 1

As ciências criminais e a criminologia

"todo saber se manifesta como um processo no tempo. A definição atual de seu sentido e de seu horizonte de projeção é sempre precedida por outras. Seus horizontes mudam em função de revoluções epistemológicas e mudanças de paradigmas científicos [...]. Por isso, **em todos os saberes é necessário distinguir entre a sua definição atual e seu conceito histórico**". (Zaffaroni et al., 2019, p. 42, grifo do original)

Assim como a sociedade, os conceitos são mutáveis no decorrer do tempo e, em razão disso, neste primeiro capítulo, trataremos das atuais noções que compreendem as ciências criminais e dos primeiros passos que temos registros sobre as respectivas teorizações para que – com a leitura do livro – seja possível distingui-las em seus contextos históricos.

— 1.1 —
A questão criminal e seus estudos

Entre os mais diversos ramos do estudo do direito, as ciências criminais constituem, na maioria das vezes, o primeiro grande amor dos acadêmicos e, ao mesmo tempo, o fascínio da especulação popular. "Nota-se, quando a discussão criminal é pautada, verdadeiro fascínio pelos atos de crueldade, pelo excesso de violência, pelo abuso da força e o uso desmedido do poder" (Carvalho, 2013a, p. 26)

É possível dizer que a paixão pelas ciências criminais ganha constantemente a atenção da plateia

> pelo pulsante conteúdo das investigações, pelo envolvimento da matéria com o trágico do humano [...].
> Não invariavelmente os casos penais dão visibilidade às violências que negam a ideia moderna de civilização, defrontando o homem com o bárbaro que nele habita em silêncio [...]. (Carvalho, 2013a, p. 35-36)

Todavia, a tendência comum é que o debate – fortemente influenciado pela mídia e pautado em aspectos políticos e culturais – reste prejudicado pela falta de compreensão acerca da construção histórica dessas áreas do conhecimento, o que nos propõe inevitavelmente o seguinte questionamento: Em que consiste e quem estuda a tal **questão criminal**?

Precisamos, antes de tudo, esclarecer no que ela consiste. A questão criminal se constitui no conjunto de ciências que estudam, sob vieses diferentes, o sistema de justiça criminal e toda a justificativa de sua existência e, em razão da essencialidade destas, é que seu campo de análise é também um território de disputa constante. Isso explica por que as

> ciências criminais – concebidas como integração entre as técnicas dogmáticas do direito penal e processual penal, da criminologia e da política criminal –, direcionadas a anular

a violência do bárbaro e a afirmar os ideais civilizados, ao longo do processo de constituição (e de crise) da Modernidade, produziram seu oposto, ou seja, colocaram em marcha tecnologia formatada pelo uso desmedido da força, cuja programação, caracterizada pelo alto poder destrutivo, tem gerado inominável custo de vidas humanas. (Carvalho, 2013a, p. 29)

Muito embora tais ciências circundem sobre o mesmo objeto – o poder punitivo –, elas têm perspectivas diferentes:

- o estudo dogmático e legislativo acerca das normas penais, de sua aplicação e execução;
- outro estudo acerca da trajetória processual prévia e logicamente estabelecida, marcada por atos, provas, manifestações e decisões a fim de aplicar as regras materiais;
- um saber que, em sua corrente crítica, debruça-se sobre a realidade histórico-cultural e econômica dos fatos para entender as razões e os efeitos do sistema de justiça criminal na sociedade;
- por fim, a análise de um conjunto sistemático de regras e princípios voltados à manutenção de um bem-estar social.

Iniciaremos pelo tão conhecido **direito penal**, que se ocupa da interpretação das leis penais de modo coerente e harmônico para a atuação de juízes, promotores e defensores no exercício de seus ofícios diante da competência criminal. Nesse sentido, seu trabalho consiste basicamente na interpretação de textos com um método bastante complexo, que se chama dogmática jurídica, porque cada elemento em que a lei é decomposta deve ser respeitado como um dogma, visto que, do contrário, não se interpretariam a lei, mas sim a criariam ou a modificariam. (Zaffaroni, 2013, p. 14)

Em outras palavras, podemos dizer que o direito penal se ocupa de "trabalhar a legislação penal, para projetar o que chamamos de *doutrina jurídico-penal*, isto é, para projetar a forma em que os tribunais devem resolver os casos de maneira ordenada, não contraditória" (Zaffaroni, 2013, p. 14). Em razão disso, ele representa o "instrumento mais contundente de que dispõe o Estado para levar a cabo o controle social" (Busato, 2020, p. 2)

A fonte principal da ciência jurídico-penal é a doutrina dos penalistas alemães, dos quais herdamos, por exemplo, a teoria geral do delito, que atualmente trata o conceito de crime a partir de dois sistemas (o primeiro tem maior aceitação entre os operadores do direito):

- o **modelo tripartide**, segundo o qual o delito se constitui de uma conduta típica, antijurídica e culpável. Significa dizer que, para que haja um crime propriamente dito, precisamos verificar, passo a passo, a existência de uma ação humana, dotada de vontade; que essa conduta seja proibida por lei (art. 121 do Código Penal – "matar alguém"); que não haja nenhuma causa excepcional que permita o cometimento dela (como a legítima defesa, estado de necessidade, entre outras) e, por último, que o agente seja culpável (ele não pode, por exemplo, estar sendo coagido moralmente – é o caso em que o agente, sob a posse da filha do bancário, liga para este e o ordena que desvie um milhão de reais para uma conta indicada, sob a ameaça de matá-la);

- o **modelo bipartide**, que parte do pressuposto de que o crime se constitui apenas de fato típico e antijuridicidade e entende que a culpabilidade constitui um pressuposto da pena; o conceito de **fato punível** (Santos, 2017), para o qual este seria formado pelos elementos *tipo de injusto + culpabilidade*.

A norma penal – sobre a qual se debruça o penalista para interpretação, aplicação e desenvolvimento teórico – estabelece regras de cunho proibitivo ou obrigatório sob pena de sanção coercitiva estatal, atuando no campo do dever ser. Isso significa dizer que o objetivo do direito penal

> é muito maior do que simplesmente a norma penal, implicando todas as relações sociais, políticas e culturais – inclusive as normas – relacionadas à reação humana ao fenômeno do crime. Daí incluir a necessidade de constante interação com outros pontos de vista atinentes ao mesmo objeto, como a política criminal e a criminologia, e mesmo a dependente interação com a teoria política, a filosofia, a sociologia e a antropologia. (Busato, 2020, p. 4)

O que seria uma política criminal? Podemos dizer que política criminal constitui o conjunto de princípios e recomendações que se impõem para a reforma ou a transformação da legislação criminal e dos órgãos encarregados de sua aplicação, mas que são, sobretudo, frutos "do incessante processo de mudança social, dos resultados que apresentem novas ou antigas propostas do direito penal, das revelações empíricas propiciadas pelo desempenho das instituições que integram o sistema penal, dos avanços e das descobertas da criminologia" (Batista, 2011, p. 33).

É por isso que o professor Juarez Cirino dos Santos sustenta que

> parece não haver contradição entre **dogmática penal** e **política criminal**, que se comportam como as faces de uma só e mesma moeda, integradas numa relação recíproca de complementação: a dogmática penal é a sistematização de conceitos extraídos de um programa de política criminal formalizado na lei penal, e todo programa legislato de política criminal depende de uma dogmática específica para racionalizar e disciplinar sua aplicação. (Santos, 2017, p. 69, grifo do original)

Mas e o ser? Quem se preocupa com a realidade das coisas que vivemos todos os dias, "nua e crua", simplesmente como ela é – e não como deveria ser? Ora, quem estuda esse ramo da ciência da natureza (e não da cultura) são sociologia, economia, antropologia, psicologia e, dentro da análise do delito, a **criminologia**.

A criminologia não é um estudo recente, mas sim um saber/poder que, em sua origem, investigou as causas do delito e quem eram os criminosos. Essa compreensão, a princípio introduzida durante a Inquisição, fez com que demonólogos, exorcistas e médicos traçassem as primeiras considerações acerca da questão criminal. Já para os manuais jurídicos positivistas, essa mesma ciência ficou conhecida como *criminologia etiológica* e foi responsável pelo "exame causal-explicativo do crime e dos criminosos" (Batista, 2011, p. 15), de modo que, "como ciência da explicação da criminalidade e do controle da criminalidade, sempre se esforçou em contribuir para as variáveis exigências sobre o Direito Penal, com posições de ajuda científica" (Albrecht, 2010, p. 6).

A criminologia estava a serviço da ordem do Estado com a missão de propor as diretrizes práticas de combate à criminalidade, a fim de fundamentar e justificar sua atuação punitiva. Mais adiante,

> com a influência das ciências sociais e a fixação no pensamento preventivo, o Direito Penal ampliou o interesse de pesquisa criminológica para o autor, a vítima e as instâncias de controle social. [De modo que] Uma assim armada Criminologia sócio-científica tinha de oferecer ao Direito Penal estratégias de domínio em relação à criminalidade como problema individual e social [...]. (Albrecht, 2010, p. 11)

Podemos notar que o direito penal, auxiliado pela cientificidade da criminologia (etiológica e positivista), nada mais é do que

> um instrumento jurídico utilizado pelos detentores do poder de representação da sociedade nas instituições e que se aplica seletivamente, de modo preferencial àqueles que os contrariam. De outro lado, é também certo que a distribuição dos aparatos de poder sociais sofre, de modo completo, essa influência. Ou seja, todo instrumental de regulamentação social encontra-se submetido às ingerências do poder. Com o Direito penal não poderia ser diferente. (Busato, 2020, p. 3)

Todavia, no decorrer da história, é possível perceber que uma ramificação da criminologia, "que se entendia **crítica** separava-se, claramente, da posição de auxílio para o Direito Penal. Não queria mais ser 'fornecedora' do Direito Penal, mas queria desmascarar o Direito Penal como instrumento de dominação" (Albrecht, 2010, p. 11, grifo nosso)

A criminologia crítica é aquela cujos esforços se voltam às análises sociais, econômicas, políticas, históricas e antropológicas para indagar os pressupostos de validade, os efeitos e as intenções do direito penal; que se preocupa em demonstrar, por meio de uma compreensão mais aprofundada, as raízes do problema social frente ao poder punitivo; e para combater os abusos desse poder.

— 1.2 —
Malleus Malleficarum e a origem da criminologia

"a criminologia nasceu como um discurso de homens, para homens, sobre as mulheres." (Mendes, 2017, p. 157)

Os criminólogos em geral costumam dar os créditos dos primórdios de seus estudos à criminologia positivista. Todavia, esta seção irá demonstrar que o estudo social, antropológico e filosófico acerca do crime e do(a) criminoso(a) surgiu oficialmente muito antes da escola liberal clássica do direito penal.

Quando a Roma passou de República a Império, seu poder punitivo era extremamente forte e cruel, o que a permitiu conquistar quase toda a Europa. Contudo, sua

> estrutura vertical que proporcionou o poder colonizador, imperial, logo se solidificou até imobilizar a sociedade, as classes tornaram-se castas, o sistema perdeu a flexibilidade para adaptar-se às novas circunstâncias, e se tornou vulnerável aos novos inimigos. Neste momento, decai e perde o poder. Chegaram os bárbaros com suas sociedades horizontais, que ocuparam os territórios quase caminhando, e o poder punitivo desapareceu quase por completo. (Zaffaroni, 2013, p. 20-21)

Sob o **aspecto jurídico,**

com o pleno desenvolvimento do feudalismo entre os séculos X, XI e XII, o direito ficou adstrito às regulamentações muito particulares, estabelecidas entre senhores e servos, com o desaparecimento quase completo do direito romano. É o direito canônico que se mantém, durante toda a Idade Média, como o único direito escrito e universal. (Mendes, 2017, p. 136)

Entre os séculos XII e XIII, o direito romano – e junto dele o poder punitivo inquisitório – ressurge com toda força graças à retomada do *Corpus Juris Civilis* de Justiniano, que perdura até meados do século XVI. Além da verticalidade, que é característica inerente ao poder punitivo, este alega surgir para substituição da vingança privada, sob o argumento de que esta acarretava uma lógica eterna de retribuição entre os clãs, as famílias, os feudos e, por outro lado, tratava-se de um privilégio de casta, porque apenas o gentil-homem poderia fazer guerra (Alagia, 2018).

Em outras palavras, a violência institucional deixa de ser promovida por meio da vingança indiscriminada para se tornar o sacrifício racionalizado do Estado (Alagia, 2018), sob o discurso originário **da necessidade deste de confiscar o papel/lugar da vítima e promover um castigo público** a fim de garantir a paz e a justiça. Afinal, "o sacrifício protege a comunidade inteira da sua violência porque descarrega na vítima, mais ou menos criminosa, nunca inocente para a autoridade, a energia destrutiva que a sociedade consome, fazendo-a desaparecer em uma satisfação patibular" (Alagia, 2018, p. 171).

Sobre o confisco do conflito privado e o monopólio da violência legítima em um centro de autoridade permanente, Alejandro Alagia (2018, p. 147) explica que estes são processos encadeados que não podem ser pensados isoladamente, haja vista que a "expropriação do conflito por parte da autoridade interessou a doutrina processual porque marcou definitivamente o desaparecimento da vítima do cenário forense".

Durante a Inquisição, a relação de dominação era exercida principalmente pelo Império e pela Igreja em relação aos seus súditos, de modo que esse **poder punitivo** simbolizava um misto de religião e política e, como consequência desse paradigma, tudo e todos que não se submetessem ao Império e/ou a Deus eram certamente hereges, mais comumente, bruxas.

Por tais razões, e com fundamento no discurso penal **retributivo**, perante o qual a execução da pena quantificava o sofrimento do(a) delinquente de modo a corresponder ao mal causado em virtude do cometimento do crime, o ritual de poder decorrente desse cenário recaía violentamente sobre as massas criminalizadas por meio de mutilações, esquartejamentos e destruição física, considerando que estas nada tinham além de seus próprios corpos.

Nesse contexto, a equação era de que o crime, o pecado e a heresia representavam uma afronta declarada ao poder do soberano e deveriam, portanto, ser extintos pelo castigo da pena, expressando a absoluta vitória do poder punitivo sobre o criminoso, impondo uma evidente política de terror para intimidação do povo e a manutenção do poder fundamentada no medo (Foucault, 1987, p. 33-61).

A partir disso, podemos dizer que a imposição dos suplícios – mutilações, chicotadas públicas, enforcamentos, execuções, dilacerações, cozimento em óleo, guilhotinas

> eram uma espécie de teatro de propaganda em que o condenado tinha que desempenhar seu papel como antagonista derrotado por quem exercia aquele (poder soberano), a ponto de ser esmagado na frente de um público impressionado que justamente sentia que lhe estava sendo ensinada uma lição importante da lei e da sua violação, do poder e da subordinação. (Genelhú; Scheerer, 2017, p. 28)

A inquisição se justificava sob o argumento de que "existia um mal que ameaçava destruir a humanidade" e, como esse mal não tinha limites, o **poder punitivo**, no cumprimento do seu santo ofício, deveria se utilizar de **todos os meios** para eliminá-lo (Mendes, 2017, p. 22), pois, como consta na Bula Papal de Inocêncio VIII, "haverão de livre e licitamente realizar quaisquer ritos ou executar quaisquer atos que possam lhes parecer recomendáveis nos casos mencionados. Pela Nossa autoridade suprema, conferimos-lhes poderes plenos e irrestritos" (Kramer; Sprenger, 2020, p. 51).

Característica da legitimação do poder punitivo é, desde então, a necessidade latente de um perigo contra o qual se precise combater bravamente, ainda que este seja um perigo simbólico (ou "criado"). Todavia, "é evidente que o poder punitivo não se dedica a eliminar o perigo da emergência, e sim a verticalizar mais ainda o poder social; a emergência é apenas o elemento discursivo legitimador de sua falta de contenção" (Zaffaroni, 2013, p. 32). A lógica é a seguinte:

Figura 1.1 – Lógica legitimante do exercício do poder punitivo

| Quanto maior for o **perigo**, | ...maior será a **emergência** de combatê-lo e | ...maior ainda será a necessidade da atuação do poder punitivo para combatê-lo! |

A luta contra esse perigo (simbólico) não poderia ter qualquer limitação, o que justificava, por si, as formas mais violentas de torturas em busca de confissões e delações dos envolvidos, bem como alguns outros aspectos procedimentais:

> (a) o caráter universal das denúncias, ou seja, não mais restritas à vítima ou aos seus familiares e interessados; (b) o sigilo da identidade do delator (noticiante); (c) a inexistência de separação entre as figuras de acusador e julgador, sendo lícito ao magistrado realizar a imputação, produzir a prova e decidir o caso; (d) o sistema tarifado de provas, com a consequente graduação da culpabilidade recebe o valor supremo (*regina probatio*); e (e) a autorização irrestrita para o uso da tortura

como mecanismo idôneo para obtenção de prova. (Carvalho, 2013a, p. 138)

No sistema inquisitório, o processo é conduzido em busca de uma "verdade real" previamente estabelecida, razão pela qual a confissão por meio da tortura ganha um alto relevo, seguindo a lógica: "se a bruxa admitia seus atos, urgia igualmente torturá-la para que delatasse seus cúmplices. Se ela não confessasse, mesmo sob tortura, isso seria uma prova de que tinha pacto com o maligno, razão por que resistia à dor" (Zaffaroni et al., 2019, p. 514).

Assim, o suplício como meio de obtenção da prova máxima – a confissão – não era apenas legal, mas constituía um verdadeiro ato divino, a ponto de constar na primeira edição do *Directorium Inquisitorum*, redigido em 1376, com a orientação de que "*é costume louvável torturar criminosos, mas reprovo esses juízes sanguinários que inventam tormentos de tal modo cruéis que os acusados morrem ou perdem alguns membros durante a tortura*" (Eymerich, *Directorium Inquisitorum*, p. 47).

Ademais, as sessões de tortura não ocorriam em um momento único:

> se, após a devida sessão de tortura, a acusada se recusar a confessar a verdade, caberá ao juiz colocar diante dela outros aparelhos de tortura e dizer-lhe que terá de suportá-los se não confessar. Se então não for induzida pelo terror a confessar, a tortura deverá prosseguir no segundo ou terceiro dia [...]. (Kramer; Sprenger, 2020, p. 39)

Tais atos eram claramente tidos como um mal necessário, "que salva a sociedade, que destrói alguém ou grupos vulneráveis em benefício de todos, que mata e cura. A sociedade doente encontra seu remédio na destruição sacrificial (modelo curativo da pena)" (Alagia, 2018, p. 172). Nessa lógica, "a insuficiência de provas e/ou sua dubiedade não geravam absolvição, mas, ao contrário, qualquer indício equivalia à semiprova, que comportava juízo de semiculpabilidade e uma semicondenação" (Carvalho, 2013a, p. 141).

Quem explica essa dialética de instauração do poder punitivo e de legitimação por meio da "caça às bruxas" são os primeiros criminólogos de que a história tem registro: os demonólogos – mais conhecidos como *inquisidores*. Um dos livros mais famosos da Inquisição que trouxe à tona – de acordo com os próprios autores – o estudo das causas do mal, das formas como ele se apresenta e o método para combatê-lo (Batista, 2011) foi o *Malleus Malleficarum* (1430-1505) (Kramer; Sprenger, 2020). Fruto do processo inquisitório que teve início séculos antes, com os concílios de Verona (1184) e Latrão (1215), o livro retratou a normatização dos sistemas inquisitórios e fundou uma visão policialesca do saber. Essa visão ainda é fonte de constantes teorias de defesa social e inaugurou a era dos **modelos penais totais** (Carvalho, 2013a).

O *Malleus Malleficarum* tratou-se de um verdadeiro Código de Demonologia consagrado pela Bula Papal de Inocêncio VIII, que instrumentalizou o primeiro modelo integrado de repressão e punição à bruxaria, ao estabelecer uma relação direta entre a **feitiçaria** e a **mulher**, com base em trechos do Antigo Testamento, em textos da Antiguidade Clássica e de autores medievais. "Nele constam afirmações relativas à perversidade, à malícia, à fraqueza física e mental, à pouca fé das mulheres, e, até mesmo, à classe de homens que seriam imunes aos seus feitiços" (Mendes, 2017, p. 21). Para Zaffaroni et al. (2019, p. 509), "pela primeira vez se configurou uma exposição coerente e integrada do direito penal e processual penal com a criminologia e a criminalística".

Segundo Kramer e Sprenger (2020), autores do *Martelo das feiticeiras* (título em português de *Malleus Maleficarum*), as mulheres eram mais fracas, tanto mental quanto fisicamente. Elas não tinham a possibilidade de ser perfeitas, pois a primeira mulher foi criada da costela torta de Adão, logo, todas elas corresponderiam a um erro genético e estavam mais propensas às práticas de bruxaria do que os homens, por serem biologicamente inferiores. Para os autores a própria etimologia da palavra *femina* viria de *fé + minus*, ou seja: *fé pequena, mínima* (Zaffaroni et al., 2019).

Os autores de *Malleus Malleficarum* acreditavam que "a vontade humana de inclinar-se ao mal existe em pessoas biologicamente inferiores [...] a inclinação ao mal é condicionada geneticamente como uma predisposição" (Mendes, 2017, p. 23). Dessa forma, inaugurou-se a lógica do direito penal de periculosidade, fundamentada em um direito penal do autor, por meio do estabelecimento de signos que identificam o crime e a(o) criminosa(o) (Carvalho, 2013a).

Nos discursos jurídicos do século XIV (André Tiraqueau (1488-1558), citado por Delumeau, 1989, p. 334), as mulheres eram:

> menos providas de razão do que os homens. Portanto, não se pode confiar nelas. São faladoras, sobretudo as prostitutas e as velhas. Contam os segredos: "É mais forte que elas ('*vel invitae*'). Ciumentas, são então capazes dos piores delitos, como matar o marido e o filho que tiveram dele. Mais frágeis que os homens diante das tentações, devem fugir da companhia das pessoas de má vida, das conversas lascivas e dos jogos públicos, das pinturas obscenas. Convém-lhes ser sóbrias 'para permanecer pudicas', evitar a ociosidade e sobretudo calar-se (*mulieres máxime decet silentium et taciturnitas*)". (Mendes, 2017, p. 137)

A pergunta que você deve estar se fazendo é: Por que as mulheres? Não haveria de ser apenas pela "costela de Adão". Na realidade, não há um consenso sobre a razão de a mulher ter sido escolhida pelo poder punitivo da época para figurar como perigo simbólico, mas podemos apontar algumas sugestões:

> desde a mais remota antiguidade, as mulheres eram as curadoras populares, as parteiras, enfim, detinham saber próprio, que lhes era transmitido de geração em geração [...]. Na Idade Média, seu saber se intensifica e aprofunda. As mulheres camponesas pobres não tinham como cuidar da saúde, a não ser

com as outras mulheres tão camponesas e tão pobres quanto elas. Elas (as curadoras) eram as cultivadoras ancestrais das ervas que devolviam a saúde, e eram também as melhores anatomistas do seu tempo. Eram as parteiras que viajavam de casa em casa, de aldeia em aldeia, e as médicas populares para todas as doenças. (Muraro, citado por Kramer; Sprenger, 2020, p. 18)

Mais tarde, essas mulheres passaram a representar uma verdadeira ameaça por três principais razões:

1. o domínio das ciências médicas;
2. as organizações e as reuniões necessárias para transferência de seus conhecimentos umas às outras lhes concediam um poder considerável no interior do sistema feudal;
3. por conseguinte, essas mesmas mulheres "vieram a participar das revoltas camponesas que precederam a centralização dos feudos, os quais, posteriormente, dariam origem às futuras nações" (Muraro, citado por Kramer; Sprenger, 2020, p. 18).

De toda forma, para Zaffaroni et al. (2019, p. 512-513), "o indiscutível é que o poder punitivo precisava controlar a mulher porquanto via nela uma ameaça para sua consolidação", talvez porque, na Idade Média, a mulher era a dominadora das ciências medicinais e a transmissora genética da cultura. Assim, "se quisesse romper com a cultura anterior e impor uma nova, dever-se-ia colocar na mulher a marca controladora".

Quanto ao alcance do poder punitivo durante a Inquisição, não se tem um número exato, mas na Europa, entre os Séculos XV e XVII, entre 200.000 e 500.000 pessoas foram declaradas culpadas de bruxaria, torturadas e queimadas por acusações de crimes contra a religião, a humanidade e o Estado: pacto com o diabo, reunião ilegal para supostas práticas demoníacas, cópula com íncubos e súcubos, roubar, comer crianças, provocar chuvas de granizo, destruir colheitas. (Alagia, 2018, p. 204)

Ao criticar a caça às bruxas, Johann Matthäus Meyfarth afirmou que daria uma fortuna para se livrar das recordações do que havia visto nas câmaras de tortura:

> Vi membros despedaçados, olhos retirados da cabeça, pés arrancados das pernas, tendões retorcidos nas articulações [...]. Vi como o carrasco açoitava com o chicote e golpeava com varas, apertava, carregava pesos, espetava com agulhas, amarrava com cordas, queimava com enxofre, umedecia com azeite [...] posso testemunhar como se violava o corpo humano. (Harris, citado por Alagia, 2018, p. 204)

Todo poder conferido aos inquisidores era também cobiçado pelos médicos, que chegaram a dominar o discurso legitimador do poder punitivo. A primeira obra da qual temos notícia que afronta publicamente o sistema punitivista inquisitório pautado exclusivamente no discurso demonólogo é erigida pelo médico Jhophannes Wier, em 1563, cuja tradução de seu nome original em latim significa *As artimanhas do demônio* (*De Praestigiis Daemonum et Incantatinibus et Veneficiis*).

Essa obra "não chega a negar a inexistência dos pactos demoníacos, muito menos questiona a legitimidade dos Tribunais de Inquisição", mas passa a considerar, em vários pacientes, doenças como humor melancólico ou velhice caduca, que eram até então confundidas com bruxaria (Carvalho, 2013a, p. 148).

O pronunciamento de Wier aliado ao avanço da ciência, entre os séculos XVI e XVII, garantiu a aderência científica aos argumentos criminológicos médicos que negavam as razões demoníacas para inúmeros casos que seriam considerados enfermidades – tais como histerias, melancolias, epilepsias, entre outras –, resultando no processo de desconstrução das verdades estabelecidas pelo clero no plano jurídico, além da transferência do controle punitivo-inquisitorial ao controle médico-sanitarista.

Tornou-se necessária por parte dos cirurgiões a comprovação do "*pactum diabolicum*, evidência pioneira e necessária para legitimar e comprovar a existência e a etiologia do mal" (Batista, 2011, p. 18). A exemplo disso, o Tribunal de Paris, em 1589, em razão da interposição de recurso contra condenação pelo crime de feitiçaria, designou profissionais da área médica para examinar 11 casos. Ao contrário do juízo condenatório de origem, "os quatro médicos não reconheceram senão pobres miseráveis 'depravados em sua imaginação' que nem mesmo apresentavam as 'marcas' de insensibilidade [prova do contato demoníaco] assinaladas pelos juízes de primeira instância, e concluem pela absolvição" (Mandrou, citado por Carvalho, 2013a, p. 106).

Mais adiante, em 1624, contando já com várias decisões reformatórias de sentenças de condenação pelo crime de heresia, "o Tribunal de Apelação de Paris institui recurso obrigatório, impedindo que os juízes locais decidissem casos versando sobre crimes de Lesa Majestade Divina sem controle rígido dos atos persecutórios" (Carvalho, 2013a, p. 150). Assim, "todos os processos sobre os crimes de sortilégio cujas conclusões são sentenças que impliquem a tortura, a morte e todas as outras penas corporais, são levadas a ele [Tribunal], mesmo se os acusados não desejaram apresentar recurso, pretexto alegado usualmente pelos juízes ordinários para executar imediatamente a sua sentença" (Mandrou, citado por Carvalho, 2013a, p. 106).

Entre as lições que esse período deixou, principalmente acerca do sacrifício punitivo, Alagia (2018) sustenta que pode haver diferenças em seus distintos cenários, mas não se pode subestimar o que eles têm em comum:

> a) se generalizam em sociedades com autoridade punitiva; b) a seletividade na obrigação de fazer sofrer está enfocada sobre grupos vulneráveis da população; c) a criação, por parte da autoridade, de um estereótipo de perseguição como ameaça ou perigo absoluto; d) a pena contra a vítima sacrificial pacifica sentimentos de mal-estar que têm origem em causas reais, mas que o imaginário social atribui ao estereótipo. (Alagia, 2018, p. 206)

Portanto, é possível que resquícios (in)desejados dessa fase inquisitória se perpetuem tanto no sistema penal quanto em nossa cultura, muitas vezes não tão distante do medievo.

— 1.3 —
O nascimento da criminologia crítica a partir da *Cautio Criminalis*

A inquisição tomou várias frentes em cenários e momentos históricos distintos, entre as quais podemos destacar:

- a Inquisição romana, proveniente do Digesto de Justiniano;
- a Inquisição papal medieval, voltada, em um primeiro momento, contra os hereges e, depois, contra as bruxas;
- a Inquisição espanhola, dirigida contra judeus e convertidos;
- a Inquisição romana da Contrarreforma;
- a Inquisição laica/estatal, exercida por príncipes na França e na Alemanha, opondo-se contra esta última o Manifesto de Spee.

> É verdade que houve diferentes momentos e inquisições, que elas atuaram com maior ou menor crueldade, que em alguns casos a matança de mulheres foi o objetivo primordial e em outros momentos foi excepcional, de acordo com interesses mutáveis e conjunturais, e que houve surtos de perseguição e tempos mais calmos [...]. Mas todas estas são ondas de um mar, e não podemos explicar as ondas sem o mar e tampouco sem

o vento. Esse mar era uma cultura europeia irracional: Spee não lutava apenas contra uma polícia corrupta e seus cúmplices, instigadores, mandantes e coniventes, mas ao denunciá-los também enfrentava essa cultura. (Zaffaroni; Pierangeli, 2020, p. 51)

Em tempos sombrios, toda cautela é pouca! Qualquer pequena crítica representa uma enorme afronta – seja ao imperador, seja a Deus (representado pela Igreja), razão pela qual "uma constante histórica do estado de polícia constituiu em criminalizar a deslegitimação de seu poder" (Zaffaroni et al., 2019, p. 516). Assim, aqueles que defendiam, acobertavam ou até mesmo não acreditavam na existência das bruxas, por exemplo, transformavam-se em cúmplices destas.

O clima vigente durante o século XVII na sociedade europeia central era de medo. Um medo paranoide criado contra mulheres pobres, enfermas, precarizadas, velhas e ignorantes, sob o fundamento de um pretenso perigo simbólico sobrenatural que sobre elas exercia toda sua força em razão da fragilidade e da deficiência natural da mulher. Essa sociedade dos tempos de Spee "*normalizava* o horror e gerava uma absoluta insensibilidade à crueldade e, por conseguinte, ao sofrimento de vítimas inocentes" (Zaffaroni; Pierangeli, 2020, p. 84).

Ir contra a corrente, fugir do senso comum, desviar-se dos efeitos nefastos causados pela utilização política de preconceitos culturais não é uma tarefa fácil. É, nesse cenário, um desafio mortal, pois não se impõem limites ao poder de punir. Assim, em

1631, encoberta por um manto de silêncio ensurdecedor, surge a primeira edição da *Cautio Criminalis*, uma obra pretensamente anônima, instigante e afrontosa que colocou em xeque o modelo inquisitorial de exercício do poder punitivo estatal que levou à carnificina de milhares de mulheres por toda Europa na época. A sensibilidade e a racionalidade para tal postura adveio de um jesuíta, intelectual, professor de teologia e poeta que, designado às vésperas das execuções a colher confissões das mulheres tidas como bruxas, percebeu

> cruamente como funciona e seleciona, qual é seu escandaloso grau de corrupção e como se reproduz, a aberração do procedimento empregado, os efeitos monstruosos da tortura, o desamparo das mulheres e, em especial, a totalidade de seus responsáveis, incluindo os príncipes e o que hoje chamaríamos de opinião pública. (Zaffaroni; Pierangeli, 2020, p. 29)

A crítica de Spee vai muito além da inquisição ao se contrapor a todo sistema penal alemão, cujas torturas e perseguições eram feitas não pelo rito eclesiástico, mas com base na Constituição criminal de Carlos V, a *Constitutio Criminalis Carolina* (1532). Daí o trocadilho do título – *Cautio Criminalis*. O texto foi subdividido em cinco seções, que contêm:

> temores, perguntas e considerações, de modo a levar aos leitores as suas preocupações, em forma de perguntas e consequentes respostas. Assim, questionou [...] a legalidade, a legitimidade e a honestidade dos servidores do Estado e das

autoridades eclesiásticas, na sua atuação e nos processos contra as bruxas (denúncias infundadas, confisco de bens, despreparo e ganância dos juízes e inquisidores, torturas e a própria condenação à fogueira), submetendo-os à crítica. (Loichinger, 1988, citado por Oesterle, 2004, p. 171)

Um questionamento contundente sobre o qual recaíram diversas considerações foi acerca do chamado *crime de lesa majestade* – delito de natureza mais do que hedionda na época que conciliava ofensa a Deus, por ter sua origem em um pacto satânico e, sendo o rei garantidor da religião, à Coroa também. Dessa forma, firmava-se a competência dos juízes laicos para julgar em matéria de feitiçaria (Zaffaroni; Pierangeli, 2020). Porém, se o delito era espiritual e nem mesmo os julgadores o compreendiam, qual era a legitimidade que detinham para uma eventual condenação? Ademais, parece um tanto quanto incoerente o papel da Igreja em orientar e promover – ainda que, nesse caso, indiretamente – o castigo, mas não se preocupar em curar, conciliar e ensinar. Durante a condução de seus trabalhos,

> o autor não consegue esconder sua indignação, fica evidente a profunda ferida que ele sente ante à negação da mensagem evangélica de amor ao próximo, frente a uma perversão do discurso que teria tido seu distante começo mais de um milênio antes, na romantização da Igreja, e o emaranhamento desta com o poder. (Zaffaroni; Pierangeli, 2020, p. 144)

A ideia de expiar os pecados de bruxaria por meio da tortura era tão doentia que, após a denúncia, tornava-se impossível comprovar a inocência do(a) denunciado(a) (Oesterle, 2004), pois a prova tarifada, fundamentada principalmente na confissão obtida a qualquer custo, fazia deste um caminho sem volta. Há, nesse sentido, retroalimentação da construção desse perigo simbólico. "A própria prática dos processos contra as bruxas fazia surgir as bruxas, ou melhor, assim que se pusesse um fim a esses, também se poria um fim às bruxas. O próprio processo, por meio de um círculo vicioso, criava a vítima a qual iria julgar" (Oesterle, 2004, p. 172).

Ainda em oposição ao processo criminal pelo qual as pessoas eram condenadas, o autor demonstrou que os julgadores "tinham um interesse financeiro na solução desses litígios, de preferência, condenando o acusado" (Oesterle, 2004, p. 172), pois recebiam por sentença de morte de 4 a 5 táleres. Definitivamente não havia possibilidade de enfrentamento de um processo penal justo: se por um lado havia interesses políticos e econômicos da Igreja, dos príncipes e até mesmo dos juízes, do outro lado – o elo fraco da corrente – poderíamos dizer que

> as execuções por feitiçaria não se limitavam às mulheres estigmatizadas, mas que – como vimos –, tornaram-se um instrumento de eliminação política. Um coletor de impostos, dois burgomestres, alguns senhores do conselho, canônicos de diferentes hierarquias, párocos e decanos, foram condenados

à fogueira, enquanto o carrasco passeava bem vestido à cavalo e sua mulher corria com os luxuosos trajes das senhoras da elite local. Os bens dos condenados eram confiscados e seus filhos entregues. (Zaffaroni; Pierangeli, 2020, p. 80)

O desvendamento do efetivo funcionamento do aparato punitivo inaugurou a perspectiva criminológica crítica que continua reverberando seus indicativos até os dias de hoje. Diferentemente do discurso demonólogo e, em um segundo momento, o discurso médico que lhe antecedeu, não importava ao autor as teorizações acerca da existência ou não das bruxas, mas sim as aberrações desumanas de uma macrovitimização.

Dessa feita, entre as cautelas por ele exigidas:

1) Não se pode negar a ninguém a defesa jurídica ou limitá-la; 2) Se não tiver advogado, não se pode negar o direito do acusado defender-se por si mesmo; 3) Devem-se informar os direitos do acusado; 4) O acusador deve alegrar-se caso apareçam provas da inocência de um preso; 5) Deve-se imediatamente proporcionar ao acusado uma cópia simples dos indícios que pesam em seu desfavor; 6)Não se deve proibir aos defensores o acesso à prisão; 7) Devem-se autorizar os presos a ter acesso a instrumentos de escrita; 8) Os presos devem ter um confessor de sua escolha. (Zaffaroni; Pierangeli, 2020, p. 99)

Pouca produção se encontra sobre a *Cautio Criminalis*. Porém, a razão pela qual Zaffaroni a indica como primórdio da criminologia crítica é que seu conteúdo destacou os interesses econômicos e políticos que estavam em pauta no processo de criminalização, trazendo a lume

> a psicologia dos corruptos, fanfarrões e provocadores ao falar sobre o confisco de bens, da cobrança por cabeça de inquisidores e juízes, da indústria das forças e torturas, o que atribui tanto às autoridades laicas como às eclesiásticas, pondo em todas a culpa pelos crimes massivos descritos. (Zaffaroni; Pierangeli, 2020, p. 144)

O conteúdo dessa obra ainda é pouco discutido, e até hoje há poucas traduções. No entanto, "é evidente que nem todo passado é **histórico**, mas que apenas o são aqueles que, de alguma maneira, têm significado para nosso presente ou, ao menos, tenham deixado marcas que determinaram outros fatos da atualidade" (Zaffaroni; Pierangeli, 2020, p. 145, grifo do original). Esse manifesto, com certeza, traçou os rumos críticos e humanos que, passados quase 400 anos, são ainda atuais.

— 1.4 —
Um novo instrumento para *Surveiller et Punir (Vigiar e punir)*

Após as mais variadas torturas a fim de que Damiens, personagem de *Vigiar e punir*, de Michael Foucault, revelasse os supostos comparsas de seu intento criminoso, a condenação datada de 2 de março de 1757 teve como fundamento o cometimento do crime de parricídio – em sua modalidade tentada, é claro, pois o sujeito mal conseguiu fazer com que seu pequeno canivete atravessasse o grosso manto da capa que envolvia o rei Luiz XV, da França. E qual foi a pena?

Ora, tratava-se de uma transgressão tão ofensiva e grave que, segundo a função retributiva da pena, merecia uma punição à altura. É bem verdade que, no caso, não houve um julgamento ou um inquérito formal, pois as testemunhas deixaram claro que o rapaz era culpado e – mesmo se elas nada declarassem – a versão do rei não deixaria dúvidas ao Parlamento de Paris de que o homem preso na masmorra era o responsável pelo crime. A sentença foi proferida condenando Damiens a suplicar por perdão frente à porta principal da igreja de Paris, e posteriormente ele foi conduzido à Place de Grève para ser supliciado.

A cerimônia de execução foi planejada com todos os detalhes. A cidade de Paris não comentava outra coisa que não fosse o suplício do regicida. Não havia outro assunto nos mercados, nas ruas e nos comércios. Era como esperar a Copa Libertadores, guardar as economias para comprar o ingresso e contar os minutos para sentar à primeira fileira da arquibancada e assistir a todo espetáculo bem de perto. Os camponeses chegavam a dormir ao relento para garantir os melhores lugares e depois vender por um valor que chegava a equivaler um mês de proventos para a casa. Barões e outros nobres chegaram a viajar com seus familiares para não perder o espetáculo por nada.

No dia da execução, Damiens foi lentamente escoltado até a Place de Grève, recebendo os mais variados tipos de insultos. O canivete que serviu como instrumento para o crime foi amarrado à sua mão e, na sequência, queimado com fogo de enxofre, cera quente, óleo fervente e chumbo derretido. Suas unhas foram arrancadas e os ossos da mão foram moídos por marretadas. Enquanto isso, a multidão acompanhava atônita cada detalhe do show de terror.

Em seguida, o carrasco, que tinha vasta experiência e já contava com mais de três mil execuções à mando da Coroa e do Clero, aqueceu as pinças de ferro na fornalha e arrancou também os mamilos e alguns pedaços de carne da barriga e das costas de Damiens. Depois, aplicou chumbo derretido, óleo fervente, piche em fogo, cera e enxofre. A multidão urrava e aplaudia cada movimento. Toda a execução durou mais de quatro horas, até que decidiram que havia sido o suficiente. Para dar cumprimento à sentença proferida, seus pulsos e tornozelos foram amarrados a quatro cavalos, que foram logo chicoteados para que corressem em direções opostas, arrancando os membros do condenado. Mesmo com muito esforço, os cavalos não foram capazes de desmembrar o corpo e, após quatro tentativas, alguém teve a ideia de cortar os tendões. Agora, sim, o corpo do condenado foi devidamente retalhado, mas ainda estava vivo quando foi consumido pelo fogo (Foucault, 1987).

Para quem não conhecia ainda, esse foi o emblemático suplício por meio do qual Foucault inicia sua obra *Vigiar e punir*, a fim de apresentar-nos o momento histórico em que desaparecem no tempo as marcas do "corpo supliciado, esquartejado, amputado, marcado simbolicamente no rosto ou no ombro, exposto vivo ou morto, dado como espetáculo" (Foucault, 1987, p. 12) para abrir espaço a uma nova lógica punitiva, o cárcere.

O sistema de penas daquela época era fundamentado principalmente em suplícios que dispunham inclusive de uma hierarquia própria de acordo com os costumes, a natureza dos crimes e o *status* dos condenados: pena de morte, galés, açoites, confissão pública, banimento. Mas, afinal, o que é o suplício? Tratava-se de pena corporal dolorosa, que se utilizava do corpo para quantificar o sofrimento na proporção do crime cometido, exercendo sua função jurídico-política ao reconstituir a soberania lesada. Portanto, a execução do suplício deveria obedecer a alguns critérios:

> produzir uma certa quantidade de sofrimento que se possa, se não medir exatamente, ao menos apreciar, comparar e hierarquizar [...] o suplício faz parte de um ritual. É um elemento da liturgia punitiva, e que obedece a duas outras exigências: destina-se a [...] tornar infame aquele que é sua vítima. [...] pelo lado da justiça que o impõe, o suplício deve ser ostentoso, deve ser constatado por todos, um pouco como seu triunfo. (Foucault, 1987, p. 32)

Nesse sentido, "a morte é um suplício na medida em que ela não é simplesmente privação do direito de viver, mas a ocasião e o termo final de uma graduação calculada de sofrimentos" (Foucault, 1987, p. 32). A mensagem que o suplício declarava não era apenas a dor e o sofrimento como quantitativo de pena, como principal objetivo da repressão penal, mas principalmente a relação de poder que, por meio dele, era exercida sobre o corpo do condenado. Foucault (1987) explica que, aos poucos, os cenários de suplícios e fogueiras vão, entre os séculos XVI e XIX, perdendo a força e passando das penas corpóreas para o encarceramento. Logo,

> a confissão pública dos crimes tinha sido abolida na França pela primeira vez em 1791, depois novamente em 1830 [...]; o pelourinho foi supresso [extinto] em 1789; a Inglaterra aboliu-o em 1837. As obras públicas que a Áustria, a Suíça e algumas províncias americanas como a Pensilvânia obrigavam a fazer em plena rua ou nas estradas [...]. O suplício de exposição do condenado foi mantido na França até 1831, apesar das críticas violentas [...], é finalmente abolida em abril de 1848. (Foucault, 1987, p. 12-13)

A partir da segunda metade do século XVIII (Foucault, 1987), os suplícios passaram a ser intoleráveis por todos: pelos filósofos, juristas, magistrados e parlamentares, até mesmo pelo próprio povo, que se viam muitas vezes nos olhos do condenado e, atônitos com as torturas e mortes cruéis, chegaram a apedrejar e violentar o carrasco para que a pena de morte fosse rápida. Assim,

> tudo o que pudesse implicar de espetáculo desde então terá [passou a ter] um cunho negativo; e como as funções da cerimônia penal deixavam pouco a pouco de ser compreendidas, ficou a suspeita de que tal rito que dava um "fecho" ao crime mantinha com ele afinidades espúrias [ilegítimas]: igualando-o, ou mesmo ultrapassando-o em selvageria, [...] mostrando-lhes a frequência dos crimes, fazendo o carrasco se parecer com o criminoso, os juízes aos assassinos, invertendo no último momento os papéis, fazendo do supliciado um objeto de piedade e de admiração. (Foucault, 1987, p. 12-13)

A mudança do objeto sobre o qual recai declaradamente toda a força do poder punitivo é muito clara. O corpo do condenado deixa de ser o ponto focal das punições, pois o "castigo passou de uma arte das sensações insuportáveis a uma economia dos direitos suspensos" (Foucault, 1987, p. 14), de modo que até mesmo a possível a pena capital deveria ser sem dor e sem sofrimento extremo, a fim de atingir mais a vida do que o corpo. A guilhotina, para cumprir esses preceitos, passa a ser utilizada a partir de 1791 pelo Código Francês e, como já era de se esperar, um pequeno detalhe dos suplícios ainda prevaleceu declaradamente na França: os parricidas – os regicidas e demais criminosos assemelhados – "eram conduzidos ao cadafalso, cobertos por um véu negro, onde, até 1832, lhes cortavam a mão" (Foucault, 1987, p. 14).

Descobriu-se, então, o corpo como objeto e alvo de poder, diante do qual poderíamos mais do que simplesmente retirar-lhe a vida, mas utilizá-lo no sistema econômico. Porém, para utilizar o até então "delinquente", seria necessário corrigi-lo, discipliná-lo, torná-lo dócil, pois "o corpo só se torna força útil se é ao mesmo tempo corpo produtivo e corpo submisso" (Foucault, 1987, p. 26). E, assim, muito embora instituições como conventos, exércitos e oficinas já fossem comuns, foi nos séculos XVII e XVIII que as disciplinas se transformaram em fórmulas gerais de dominação (Foucault, 1987).

Diante da nova lógica que se estabeleceu sobre o sistema de penas, a arte de punir deveria obedecer a uma tecnologia da representação. Ou seja, era necessário que os valores das possíveis vantagens advindas do cometimento do crime não valessem o risco de sua tentativa, tendo em vista a possibilidade da pena a ser sofrida. Deveria haver, portanto, uma mecânica das forças em "diminuir o desejo que torna o crime atraente, aumentar o interesse que torna a pena temível; inverter a relação das imensidades, fazer que a representação da pena e de suas desvantagens seja mais viva que a do crime com seus prazeres" (Foucault, 1987, p. 104).

É dessa forma que o direito penal moderno – burguês-capitalista – posiciona-se "profundamente ligado ao homem abstrato e à abstração do trabalho humano mensurável pelo tempo", ou seja, a pena privativa de liberdade (Pachukanis, 2017, p. 177).

Em síntese, as demandas do capital ensejaram necessariamente novas técnicas e dispositivos de poder centrados no corpo, não mais para decapitá-lo, esquartejá-lo e torná-lo improdutivo, mas sim para hierarquizá-lo, vigiá-lo, treiná-lo e puni-lo com e para o trabalho. "Esse liberalismo 'disciplinador' na nossa margem convivia com a truculência escravocrata e o extermínio das civilizações indígenas" (Batista, 2011, p. 38).

Passamos a falar (no início do século XVII) em uma correta disciplina ou na arte do bom adestramento, uma vez que o poder disciplinar constitui "um poder que, em vez de se apropriar e de retirar, tem como função maior 'adestrar'; ou sem dúvida adestrar para retirar e se apropriar ainda mais e melhor" (Foucault, 1987, p. 167).

Desta feita, o objeto sobre o qual recaía a pena (corpo), assim como seu fundamento retributivo, sofre alterações significativas no decorrer do tempo, passando a restrição do tempo de vida a operar o ato punitivo sobre a alma do condenado, consubstanciando cada vez mais uma razão utilitarista da pena.

— 1.5 —
A humanização *dei delitti* e *delle pene*

> "os bárbaros tormentos infligidos e multiplicados com inútil severidade por crimes não provados ou de natureza impossível, a imundice e horror das prisões, acentuado pelo mais cruel torturador de miseráveis e pela incerteza, deveriam despertar a atenção daqueles cuja função é direcionar a opinião da humanidade." (Beccaria, 2012, p. 11)

Entre o final do século XVIII e o início do século XIX, ocorreu a redução do espetáculo punitivo, sucumbindo a ideia de que a violência declarada estivesse ligada ao exercício da justiça. Não havia mais razão de existir o ritual do "corpo supliciado, esquartejado, amputado, marcado simbolicamente no rosto ou no ombro, exposto vivo ou morto, dado como espetáculo. Desapareceu o corpo como alvo principal da repressão penal", dando espaço ao cárcere (Foucault, 1987, p. 12). Assim, a prisão, que antes tinha natureza meramente processual e cautelar, a fim de que o sujeito não escapasse de sua provável sentença condenatória, apresenta-se na história das penas como uma medida mais humanizada, passando o tempo a ser o operador da pena.

Entre os apelos por um sistema de justiça criminal menos injusto, volátil e incontrolado, porém ainda sem abandonar por completo os preceitos retributivistas da pena, Cesare Beccaria surge como um dos precursores da escola liberal clássica, que deu origem à criminologia positivista principalmente por meio de sua obra *Dos delitos e das penas* (Baratta, 2013, p. 32). Seu posicionamento jurídico tem como pedra de toque uma sociedade justa, cuja felicidade do maior número de pessoas seja possível diante do pacto social. Nesse sentido, sua argumentação sustenta que

> o contrato social está na base da autoridade do Estado e das leis; sua função, que deriva da necessidade de defender a coexistência dos interesses individualizados no estado civil,

constitui também o limite lógico de todo legítimo sacrifício da liberdade individual mediante a ação do Estado e, em particular, do exercício do poder punitivo pelo próprio Estado. (Baratta, 2013, p. 33)

Não fazia mais sentido que a pena tivesse como finalidade o tormento de uma pessoa por ter cometido um crime, mas ela deveria, na realidade, "evitar que o criminoso cause mais danos à sociedade e impedir a outros de cometer o mesmo delito" (Beccaria, 2012, p. 37). E, para tanto, a pena deveria ser inversamente proporcional à possível vantagem advinda da conduta criminosa, seguindo a lógica de que "tanto mais fortes devem ser os meios de prevenção utilizados, quanto maior for o estímulo para que o crime seja cometido, na medida em que ele é contrário ao bem público" (Beccaria, 2012, p. 22).

Essa mudança de paradigma sob o sistema de penas não necessariamente garantiu mais dignidade ao condenado, mas nitidamente buscou proporcionar uma **razão funcional à pena** considerando que

> não tanto a gravidade da pena, mas sim a sua inevitabilidade, desde que proporcional aos delitos, constitui o meio mais eficaz para reprimi-los, e que não é o terrível e passageiro espetáculo da morte de um celerado, mas sim o longo e reiterado exemplo de um ser humano privado da liberdade, que recompensa com seu trabalho a sociedade que ofendeu, que é o freio mais forte contra os crimes. (Beccaria; Di Marchese, 2006, p. 73)

A ideia defendida por Beccaria (2012) era de que a morte dada como cumprimento de uma pena por meio de suplícios representava um espetáculo terrível, todavia, momentâneo, diferentemente da privação da liberdade daquele que fosse condenado a pagar com anos de trabalho ou escravidão pelo crime cometido, que se torna um exemplo perene aos demais sobre as consequências do crime, do que não se deve fazer e também de reparação por ter quebrado sua parte do contrato social.

Ademais, **a nova razão punitiva de privação de liberdade** buscava proporcionar certa coerência à economia da pena, pois "os suplícios, em sua violência, corriam o risco de ter esse resultado: quanto mais grave o crime, menos longo era seu castigo" (Foucault, 1987, p. 106), já que a morte atingia o condenado muitas vezes antes de ter sofrido o suficiente pelo crime cometido.

Dessa forma, supera-se também o determinismo da criminologia etiológica e passa a haver um empenho maior na compreensão acerca do delito a partir de seu conceito jurídico, isto é, "como violação do direito e, também, daquele pacto social que estava, segundo a filosofia política do liberalismo clássico, na base do Estado e do direito" (Baratta, 2013, p. 31).

O direito penal serviria, portanto, como um instrumento legal para defender a sociedade do crime por meio da pena, sua melhor ferramenta de dissuasão, de modo que "os limites da cominação e da aplicação da sanção penal, assim como as modalidades de exercício do poder punitivo do Estado, eram assinalados pela **necessidade** ou **utilidade** da pena e pelo princípio da legalidade"

(Baratta, 2013, p. 31, grifo do original). Logo, a pena deixa de ser "um ato de violência de um ou de muitos contra um membro da sociedade", devendo ser "pública, imediata e necessária, a menor possível para o caso, proporcional ao crime e determinada pelas leis" (Beccaria, 2012, p. 125).

Em suas propostas político-criminais, o delito passa a ter como essência e medida o dano social (Baratta, 2013, p. 34), e a sanção não se projeta mais como fim em si mesma, mas com fins específicos (Albrecht, 2010, p. 15), seja de intimidação, seja de restauração da ordem jurídica. Assim, surgem as teorias preventivas de legitimação das penas, as quais afirmam que, por meio das penas, é possível evitar que o criminoso cause mais danos à sociedade (ou seja, pode-se neutralizá-lo) e dissuadir outros de cometer o mesmo delito (desmotivar pelo exemplo para que outros não venham a delinquir). Por isso, alegava-se que devem ser escolhidas as penas e os modos de infligi-las para causar um efeito mais forte e duradouro nos outros, com o mínimo de tormento ao corpo de quem cometeu o crime (Beccaria, 2012).

Tratando ainda das mudanças urgentes que seriam necessárias alcançar, Beccaria teceu diversas críticas ao sistema até então vigente e se desviou do antigo dilema acerca da existência ou não das bruxas, afirmando que o exercício do poder punitivo deve recair "somente sobre crimes que violam as leis da natureza e o pacto social, e não sobre pecados, de cujas penas, ainda que temporais, devem ser regulados por outros princípios, além da limitada filosofia humana" (Beccaria, 2012, p. 114-115).

Já era tempo de divorciar as faltas religiosas dos atos que efetivamente poderiam causar o dano social. A conexão que se formou nesses dois âmbitos justificou e torturou muitas almas com base em crenças, religiões, política, poder, preconceitos raciais e culturais. Essa antiga relação afetou tanto a criação dos delitos quanto o processo penal, a criminologia e a política criminal. As acusações eram feitas em sigilo. O acusado sequer sabia qual era o teor do que lhe estava sendo imputado, o que, para Beccaria (2012) constituía um **manifesto abuso**. Sem considerar que, para extrair a "verdade" construída de um delito que se dizia ter ocorrido, todos os meios eram válidos, principalmente a tortura, fosse para obter a confissão, fosse para que delatasse seus cúmplices. Nesse sentido,

> a tortura de um criminoso durante seu julgamento é uma crueldade consagrada pelo uso, na maior parte das nações. É usada com a intenção de fazê-lo confessar o crime, ou para explicar alguma contradição na qual ele caiu enquanto depunha, ou ainda para descobrir seus cúmplices, ou por algum tipo de purgação metafísica e incompreensível da infâmia, ou, finalmente, para descobrir outros crimes dos quais ele não é acusado, mas dos quais ele pode ser culpado. (Beccaria, 2012, p. 47)

A pergunta que deveríamos nos fazer aqui é a mesma que Beccaria deve ter feito a si próprio ao escrever sua obra: Quem não confessaria um crime que não cometeu para que cessasse a tortura ou para que cessassem as ameaças? Quem, depois de dias sem comer, sem ver a luz do dia, com tortura física e/ou psicológica, não inventaria qualquer fato mirabolante para que tudo se acabasse de uma vez? E talvez como resposta a tais perguntas, Beccaria (2012, p. 50) argumenta:

> outra intenção da tortura é a de obrigar o suposto criminoso a esclarecer as contradições em que ele caiu quando depôs, como se o medo da punição, a incerteza sobre seu destino, a solenidade da corte, a majestade do juiz e a ignorância do acusado não fossem abundantemente suficientes para fazer cair em contradição tanto o inocente quanto o culpado, que tenta proteger-se.

O processo inquisitivo não buscava um julgamento justo, mas a instrumentalização de um engenhoso sistema que se retroalimentava pelo medo do perigo politicamente criado para manutenção do domínio do poder punitivo. Justificava-se, assim, a perseguição criminal do indesejado, garantindo a condenação a todo custo desse perigo simbólico. Posicionando-se contrariamente a toda essa estrutura, Beccaria (2012) indica que, para prevenir crimes, algumas medidas são extremamente necessárias:

- observância da lei pelos magistrados;
- recompensa à virtude;
- aperfeiçoamento do sistema educacional;
- perdão.

De modo geral, a brilhante obra de Beccaria nos propõe uma

formulação pragmática dos pressupostos voltados à teoria jurídica do delito e da pena, assim como do processo, no quadro de uma concepção liberal do estado de direito, baseada no princípio utilitarista da maior felicidade para o maior número, e sobre as ideias do contrato social e da divisão dos poderes. (Baratta, 2013, p. 33)

Portanto, busca-se firmar a legalidade no âmbito do direito penal, com um rol mínimo de garantias processuais ao acusado e um sistema jurídico criminal mais humanizado e utilitário às pessoas individualmente e à sociedade.

Capítulo 2

Teorias da pena

"Com efeito, o ato de impor uma pena sempre consistirá em uma forma de agredir, independentemente dos objetivos que sejam projetados com essa agressão (prevenção, retribuição etc.), ao final, a intervenção penal é sempre um mal."

(Busato, 2020, p. 2)

Este capítulo convida você, leitor(a), não apenas a conhecer as teorias que, no decorrer da história, fundamentaram a existência e a manutenção do poder punitivo, mas também a refletir sobre suas reais razões, bem como sobre a essência punitiva que se mantém intocável – mesmo que disfarçada: a vingança.

— 2.1 —
Um constante fazer sofrer

O mito da pena inevitável se instaurou na história e rege nossas certezas até os dias de hoje como um verdadeiro dogma das crenças humanas que parte do pressuposto de que a humanidade "abriu caminho da selvageria à civilização com a régua do castigo na mão, instrumento insubstituível de convivência humana" (Alagia, 2018, p. 15).

Tendo como finalidade principal pôr fim aos supostos paradigmas selvagens das sociedades primitivas de vingança privada ilimitada e do estado de guerra de todos contra todos, desde os séculos XVI e XVII a filosofia política clássica argumenta ser necessário o confisco do conflito da vítima pelo Estado e a consequente imputação da pena pública civilizada.

Partindo do presente marco etnocêntrico (século XIX) e, portanto, completamente avesso à antropologia política da época, tal fundamentação inferioriza a sociedade primitiva pela ausência da instituição do castigo estatal, como se este fosse condição de possibilidade de existência social ou como se a coexistência humana tivesse nascido com a sociedade estatal (Alagia, 2018).

Todavia, importa percebermos que "não só não existe uma diferença fundamental nos modos de pensar do homem primitivo e do civilizado, como também a causa da inferiorização selvagem encontra-se na mentalidade colonizadora do etnocentrismo cultural" (Hendler, 1995, citado por Alagia, 2018, p. 23), uma vez que a afronta à pacificação colonialista constituiu o fator de julgamento pelo qual os civilizados determinaram a desumanidade dos selvagens. Isso porque, diferentemente da sociedade atual, que se vê "obrigada a lutar contra a soberania punitiva para reduzi-la ou contê-la, caso queira continuar existindo, entre os selvagens, ao contrário, lutava-se para impedir que algo assim surgisse do interior da sociedade" (Alagia, 2018, p. 34).

Mesmo após a antropologia política ter demonstrado que "entre os selvagens a pena nunca dominou nem para intervir no conflito interno nem para deter a vingança ilimitada ou a guerra de todos contra todos" (Alagia, 2018, p. 35), podemos verificar que essa constante inferiorização psicologizante ocorreu principalmente com o positivismo jurídico de Kelsen, ao reforçar a convicção de que "a pena pública e o progresso civilizatório colocam fim à irracionalidade vingativa do selvagem" (Alagia,

2018, p. 24). Dessa forma, a centralização autoritária do poder que segue após a expropriação dos conflitos particulares, bem como a consolidação da autoridade punitiva, marcam a mudança do procedimento penal fundamentado na disputa para os eventos inquisitivos.

Até o surgimento da lei como limite de imposição ao poder do soberano, não se fazia ou era muito pouco necessária qualquer fundamentação justificante dos castigos punitivos – as chamadas *teorias da pena*. Primeiro porque, durante a *disputatio*, o poder do soberano não existia de maneira centralizada; segundo porque, a partir da Inquisição, a legitimidade desse poder se sustentava em um direito (sobre)natural: "em geral, o soberano era a **personificação do Deus (como na antiguidade) ou representava a expressão da vontade do Deus** ou, quando menos, dos governados, por razões de justiça previamente dadas e inquestionáveis (primeiras formulações do direito natural)" (Busato, 2020, p. 567).

Portanto, de modo geral, a filosofia política racionalizou positivamente a necessidade de castigo como única forma de defesa da sociedade frente ao perigo que o delito lhe causa, sob o argumento de tornar possível a sociedade humana. Afirma indiretamente o posicionamento de que

> não importa que isso seja tão falso como a ressocialização do delinquente ou a prevenção de delitos mediante ameaças de sofrimento ou de morte. [...] A pena, como mal que uma autoridade soberana obriga – alguém ou um grupo inteiro – a sofrer

ou morrer para salvar a sociedade, não é apenas o que conforma a vingança retributiva. Ela é o próprio fundamento da autoridade permanente, ou seja, do Estado enquanto monopólio da violência legítima sobre a população que habita um território político. (Alagia, 2018, p. 313)

Nesse sentido, finda-se a vingança privada "desenfreada", e a punição é substituída pela vingança pública sem, contudo, enfraquecer a essência do castigo, que é a retribuição – ou seja, vingança – que pode gerar outros efeitos, diríamos, secundários: efeitos gerais dissuasivos e efeitos específicos corretivos, prejudiciais, destrutivos, desumanizadores, o que continua sendo, na prática, **vingança**.

Efetivamente, podemos dizer que a vítima de um crime violento não sofre apenas materialmente em razão do acontecido, mas também enfrenta um considerável dano psíquico. Não é afetada apenas a esfera de seus bens objetivos; há um verdadeiro abalo emocional que fere sua subjetividade. Zaffaroni explica que, em um primeiro momento, a sensação enfrentada pela vítima é de estupefação ou desconcerto, porque custa a acreditar no que ocorreu; posteriormente, é natural que a vítima passe a criar hipóteses até irracionais de causalidade (*E se?*), produzindo-se, assim, uma culpa insuportável. É "o peso dessa culpa irracional provoca uma extroversão que projeta a responsabilidade em alguém ou em algo, isto é, em um objeto externo" (Zaffaroni, 2013, p. 209).

Certamente que o resultado danoso acometido pela realização do delito não tem solução. Não sem razão, é comum dizerem que o direito penal sempre "chega atrasado". Clama-se pelo direito penal quando a *res furtiva* já se foi, quando a vítima do homicídio já faleceu, quando a vítima do estupro já foi violada. E a única coisa real que se pode fazer a respeito da vítima é respeitar sua dor e dar-lhe assistência – afinal, o Estado se pôs em seu lugar para vingá-la daquele(a) que a ofendeu.

Portanto, a única explicação que se prospecta na realidade social por meio de uma solução vingativa é um compromisso que se constitui em defesa e contra a angústia insuportável ao mal-estar que o crime causa de modo singular para a vítima e de modo generalizado para a sociedade. Trata-se de uma "resposta imaginária para enfrentar e resolver problemas reais a preço de converter essa defesa em outro grave padecimento singular, com iguais consequências sociais" (Alagia, 2018, p. 327). Vinga-se do outro pelo mal sofrido em razão do delito, não se importando em solucionar a origem do problema ou saber se aquele já não se vingava da sociedade, que eventualmente não o acolheu, não o aceitou, não o protegeu, não lhe deu condições de vida, de autossustento, de dignidade. Aparentemente, tanto aquela humanidade primitiva quanto a "civilizada" caem repetidamente na mesma armadilha da ilusão punitiva e nela se deleitam.

Em razão dessa constante, muito embora não se tenha uma explicação racional para a canalização de ilusões patibulares e a solução vingativa como resposta verossímil culturalmente condicionada ao mal-estar e à irreparabilidade do crime, ela se mantém, ainda firme, **vingança**. Diante dessa realidade punitiva, Alagia (2018, p. 317) alerta que, "quanto mais nos esforçamos em racionalizar, mais ilusão depositamos na ideia de que algo valioso deve perder-se para benefício de todos, como se amputa uma mão da pessoa saudável para salvar-lhe a vida".

Falhamos em tentar resolver para que serve a pena e, portanto, surge um novo questionamento: Por que "persiste a ilusão de que se obtém um benefício com o sofrimento do outro"? (Alagia, 2018, p. 318). Uma das possíveis explicações é exposta por Zaffaroni (2013, p. 194), ao enfrentar a questão sob a perspectiva da criminologia midiática:

> as pessoas [...] têm a visão da questão criminal que é construída nos meios de comunicação, ou seja, nutrem-se – ou padecem – de uma criminologia midiática. Isso sempre aconteceu e o que vimos René Girard explica claramente: se o sistema penal tem por função real canalizar a vingança e a violência difusa da sociedade é mister que as pessoas acreditem que o poder punitivo está neutralizando o causador de todos seus males. (Zaffaroni, 2013, p. 194)

Assim, a construção dessa realidade é facilmente aceita por duas razões principais:

1. essa realidade possibilita a redução do nível de angústia que gera a violência difusa, os crimes que acontecem cotidianamente;

2. o discurso, em regra, é sustentado por "especialistas" no assunto – é um discurso de autoridade, que convence não por seus argumentos, mas pela pessoa que o declara.

Discretamente, a **criminologia midiática** "sempre existiu e sempre apela a uma criação da realidade através de informação, subinformação e desinformação em convergência com preconceitos e crenças, baseada em uma etiologia criminal simplista" (Zaffaroni, 2013, p. 194), dando respaldo a outras criminologias, como a etiológica, punitivista, neopunitivista etc., de modo que ela definitivamente não tem limites:

> vai num crescendo infinito e acaba reclamando o inadmissível: pena de morte, expulsão de todos os imigrantes, demolição dos bairros precários, deslocamentos de população, castração dos violadores, legalização da tortura, redução da obra pública de construção de prisões, supressão de todas as garantias penais e processuais, destituição dos juízes etc. (Zaffaroni, 2013, p. 214)

O grande problema dos efeitos dessa criminologia é que "as ilusões punitivas são profecias que se cumprem: 'se os homens definem as situações como reais ainda que não sejam, as consequências são reais'. A pena não salva a sociedade de seu aniquilamento, mas basta acreditar que sim e se erguem guilhotinas e campos de concentração" (Alagia, 2018, p. 330), sob o argumento de contenção da ameaça de caos e medo.

Nesse sentido, "a pena pública regulada ou extrema não é resultado da superação da vingança privada que nunca existiu, mas sim da generalização de uma prática sacrificial selvagem sobre pessoas vulneráveis, que tem por objetivo impedir que a comunidade se afogue no mal-estar" (Alagia, 2018, p. 340). Isso pautou o desenvolvimento dos grandes sistemas penais teorizados a partir do século XIX, quando os juristas se distanciaram da filosofia do direito para dedicarem-se com mais afinco aos debates dogmáticos de problemas jurídicos concretos (Busato, 2020), tornando possíveis "a persistência e a naturalização dessa ilusão punitiva para que a sociedade exista" (Alagia, 2018, p. 339). Assim, perpetua-se o *fazer alguém ou grupos vulneráveis sofrer para que a sociedade viva* como crença fundamental da ideia legitimadora da pena, graças ao mito punitivo.

— 2.2 —
Direito penal clássico e a teoria absoluta da pena

O soberano era visto como uma divindade sobre a terra, e sua atuação acontecia por meio de um poder inquestionável e ilimitado, decorrente do chamado *direito natural*. Nesse contexto, "a pena se aplicava sob conotações mágico-religiosas e tinha características corporais e de intimidação" (Busato, 2020, p. 567), pois visava expiar o pecado cometido pelo indivíduo. O crime não atingia apenas a vítima, mas também o Estado, as leis, o rei e, consequentemente, o próprio Deus. A figura do rei, uma divindade terrena, deveria manter-se soberana sobre tudo e sobre todos.

A substituição do Estado absoluto pelo Estado liberal trouxe novas concepções de Estado, indivíduo e sociedade em razão da filosofia idealista pautada em perspectivas iluministas e nas premissas do contrato social. Podemos perceber nitidamente a passagem para uma dogmática mais racional que enseja, sobretudo, a imposição de limites à atuação estatal punitiva. Nesse momento, o direito penal se tornou um escudo de garantia das liberdades burguesas contra as arbitrariedades da justiça feudal. "Na construção mental, o Direito Penal era um meio de defesa dos cidadãos em face das intervenções coativas do Estado. A persecução penal estatal deveria ser previsível para todos e ser subtraída de toda influência política" (Albrecht, 2010, p. 2).

Assim, a teoria que inaugurou os discursos legitimantes da imposição punitiva foi a **teoria absoluta da pena**, também conhecida como *teoria retributivista* por ter a finalidade autônoma desvinculada de qualquer razão social, uma vez que o cometimento do crime – que representa a quebra do contrato social – tinha como consequência jurídica a aplicação da pena, na forma de uma espécie de indenização pelo mal praticado.

Sobre o assunto, Carvalho (2013b, p. 53) afirma que "a relação entre crime e pena se estabelece a partir de uma noção de dívida, e a lógica obrigacional fixa a necessidade da reparação do dano em razão do inadimplemento (descumprimento das regras sociais)", de modo que "**a pena não devia ter nenhum fim**. A pena ou sanção não tem influência alguma nem em relação ao caráter da estrutura das normas e do sistema jurídico, mas simplesmente faz o papel de um mal ou retribuição" (Busato, 2020, p. 570, grifo do original). O direito penal servia apenas à retribuição do fato, à expiação dos pecados, à compensação da culpa, até porque as massas criminalizadas durante o período de vigência do modelo punitivo do medievo nada tinham além de seus próprios corpos para sofrer qualquer confisco por parte do poder estatal.

Três correntes filosóficas merecem especial destaque dessa doutrina: **Kant**, **Hegel** e **Lesh**. A partir do retributivismo kantiano, a lei penal é um "imperativo categórico que deve ser respeitado sob quaisquer condições", e não haveria qualquer justificativa para seu não cumprimento. Por consequência, a pena criminal "teria como exclusivo objetivo a imposição de um mal decorrente da violação do dever jurídico, encontrando neste mal (violação do direito) sua devida proporção e a sua própria justificação" (Bozza, 2015, p. 55). A pena é vista como castigo necessário e proveniente de uma exigência ética irrenunciável da execução de determinada conduta socialmente reprovável que merece igual consequência sancionatória do Estado (Bozza, 2015, p. 18).

De acordo com o modelo kantiano, a pena não poderia ter qualquer finalidade utilitária, ou seja, jamais poderia estar pautada em uma teoria relativa, pois os objetivos de corrigir delinquentes (prevenção especial positiva) ou intimidar e persuadir os não delinquentes a absterem-se de cometer crimes (prevenção geral negativa) seriam finalidades ilegítimas para o direito penal. "Se o poder político utilizasse a pena como instrumento de emenda ou dissuasão, o direito acabaria por **mediatizar** o ser humano, ou seja, o homem seria transformado em um **meio** para o alcance de um **fim**, o que tornaria a sanção imoral" (Carvalho, 2013b, p. 55, grifo do original). Portanto, nessa perspectiva, a pena deveria ser compreendida como absoluta retribuição à culpabilidade do agente, o que a tornaria, aparentemente, proporcional ao dano provocado.

Hegel, por sua vez, afasta-se da retribuição pautada na ética e na moral de Kant e canaliza seus argumentos à esfera jurídica, sustentando que a pena tem como finalidade o restabelecimento do Estado de Direito, tendo como razão o método dialético. Nesse sentido, o crime constituiria uma negação do próprio direito e a pena seria uma "resposta a esse mal, seria a **negação da negação do direito**" (Bozza, 2015, p. 21). Dessa perspectiva, temos o delito

> como evento que é, a violação do direito enquanto direito possui, sem dúvida, uma existência positiva exterior, mas contém a negação. A manifestação dessa negatividade é a negação desta violação que entra por sua vez na existência real; a realidade do direito reside na sua necessidade ao reconciliar-se ele consigo mesmo mediante a supressão da violação do direito. (Hegel, 1997, p. 87)

Logo, para o retributivismo hegeliano, a pena seria "justificada pela necessidade de recomposição do direito violado. A violência da pena corresponderia àquela violência perpetrada contra o ordenamento jurídico" (Carvalho, 2013b, p. 55). Assim, a pena cumpriria um papel restaurador da ordem ou retributivo do dano na proporção da negação do direito (Bozza, 2015).

Uma terceira vertente, fundamentada na sociologia de Niklas Luhman por Heiko H. Lesh, sustenta que o crime cometido viola o direito e põe em risco as expectativas normativas que a sociedade tem. Logo, a finalidade da pena seria estabilizar novamente essa crença e reacender a esperança e a confiança depositada no sistema jurídico (Bozza, 2015).

A construção jurídica da teoria do delito foi fortemente influenciada pelas correntes retributivistas por pautar-se no critério da proporcionalidade do dano causado pelo delito, buscando estabelecer uma relação entre crime e castigo, considerando que aquele que causa um mal à sociedade deve sofrer proporcionalmente a esse mal por três razões: pela quebra do contrato social, pela forte influência religiosa e pelo psiquismo popular do restabelecimento de uma sensação de segurança.

Para além do ponto de vista normativo-filosófico exposto anteriormente, Zaffaroni redireciona a crítica ao retributivismo para o aspecto empírico ao sustentar que "tanto a função de garantidor externo do imperativo categórico (Kant) quanto a de reafirmação do direito (Hegel) são funções que não podem ser respondidas devido à ausência de evidências fáticas" (Zaffaroni, citado por Carvalho, 2013b, p. 59).

Nesse cenário, não havia necessidade dos estudos e da compreensão criminológica (Albrecht, 2010) – ela simplesmente não existia –, pois o direito penal clássico pautava-se na suposta relação inafastável entre culpa e castigo, em que aquela é pressuposto causal deste. Não se ocupava, portanto, da posição de instrumento de controle social, mas tinha a pena como mera retribuição de um mal causado.

— 2.3 —
Escola moderna do direito penal e a teoria relativa da pena

As teorias absolutas que se pautavam em critérios retributivistas da pena perderam o apreço paulatinamente durante a primeira parte da Modernidade, em razão de sua evidente falta de função ou finalidade social utilitária. A perspectiva de que o direito penal deveria garantir a proteção de bens jurídicos essenciais cai em descrédito perante todas as ocorrências nas quais não se consegue impedir que o fato criminoso ocorra; apenas cabe ao Estado, tomando o lugar da vítima, "faça justiça" – o que, em outros tempos, chamaríamos puramente de *vingança*. Não há, portanto, proteção efetiva de bens jurídicos, tampouco reparação integral do dano decorrente do cometimento de crime, mas a vingança, esta sim, permanece incólume.

Rompendo com o pensamento retributivista, no qual a pena não tinha qualquer finalidade que não a de repreender fatos pretéritos, as teorias relativas da pena buscam atribuir um significado futuro às sanções. Nesse sentido, Beccaria desenvolve uma teoria da pena baseada em critérios utilitaristas, equacionados na busca por proporcionar a máxima felicidade ao maior número possível de pessoas:

> melhor prevenir os crimes do que ter de puni-los; e todo legislador sábio deve procurar antes impedir o mal do que repará--lo, pois uma boa legislação não é senão a arte de proporcionar aos homens o maior bem-estar possível e preservá-los de todos os sofrimentos que se lhes possam causar [...]. (Beccaria, 1959, p. 193, citado por Carvalho, 2013b, p. 63)

Sobre o assunto, Liszt (1994, p. 175, grifo do original) propõe uma importantíssima reflexão acerca da imposição e da proporção das penas:

> a visão dominante determina pena para fato realizado por nenhum autor; ou seja, as suas penas correspondem ao conceito de crime, à abstração que a legislação e a ciência construíram de fatos concretos. Pergunta-se o que merece o furto, o estupro, o homicídio, o falso testemunho? Em lugar de perguntar: o que merece **este** ladrão, **este** assassino, **este** perjuro, **este** estuprador?

Tais considerações concederam à pena uma conotação intimidatória e dissuasiva, que seria exercida não apenas pelo Poder Legislativo ao cominar a qualidade e quantidade de pena a ser aplicada ao respectivo delito, como forma de atuação político-criminal, mas também seria exercida pelo Poder Judiciário e pela própria autoridade policial, diante do caráter simbólico de sua atuação para indicar a inequívoca aplicação da pena.

Carvalho (2013b, p. 64) explica que o discurso dissuasório que marcou o projeto político-criminal na primeira modernidade penal foi marcado principalmente pelos preceitos de Beccaria e Feuerbach voltados à construção de um modelo de prevenção geral negativa. Em outras palavras, "este é o conteúdo nuclear da Teoria Relativa da Pena: a exclusiva orientação da pena ao fim de prevenção criminal, portanto, adequada à finalidade. A pena somente se justifica na medida em que é necessária para a prevenção criminal" (Albrecht, 2010, p. 3), ou seja, como forma de desestímulo ao cometimento de delitos. Inexiste qualquer fim educativo ou moral, pois a punição não é direcionada ao indivíduo que praticou o delito.

Sobre o assunto, importa compreendermos que os modelos de prevenção geral da pena classificam-se em duas funções: na primeira, pretende-se que "o valor positivo da criminalização atue sobre os que não delinquiram" (Carvalho, 2013b, p. 61), que constituem as chamadas *teorias da prevenção geral*. Essas teorias sustentam que a sanção penal serve como exemplo para desestimular aqueles que não delinquiram e subdividem-se em negativa (com fim inibitório) e positiva (para restaurar publicamente a confiança no sistema jurídico), dando a sensação de que a justiça deu resposta adequada pelo crime cometido, uma vez que aplicou a devida pena ao delinquente.

Podemos dizer que as teorias preventivas partem do pressuposto de que todo aquele que deseja cometer um delito, antes de iniciá-lo, pondera os possíveis benefícios e as possíveis consequências jurídicas que podem sobre ele recair. Nesse sentido, para a prevenção geral negativa, a finalidade da pena não pode ser a correção do delinquente, pois o Estado não é tutor nem garantidor de ética, moralidade e cultura, mas sim protetor dos bens jurídicos da sociedade civil. Contudo, deve o Estado, por meio de suas instituições políticas e jurídicas, criar condições que impeçam o indivíduo, membro da sociedade civil organizada, submetido à vontade comum representada pelas leis, de provocar lesões aos direitos de outrem (Feuerbach, 1972, citado por Carvalho, 2013b).

Esse é o fundamento proposto por Paul Johan Alsems Ritter von Feuerbach chamado de *teoria da coação psicológica*, que nada mais é do que provocar, por meio da pena, uma sensação de mal-estar na psique coletiva que seja suficiente para desmotivá-la a cometer delitos.

Sobre o assunto, é possível afirmar que o efeito dissuasório proposto por Feuerbach por meio da coação psicológica pretende atuar em dois momentos:

- "antes da cominação do delito, com a 'cominação penal' dirigida à generalidade das pessoas, provocando a sensação de desagrado e impedindo a comissão do delito";
- "posterior ao fato delitivo, mediante a 'execução exemplarizada da pena' e sua influência psicológica em outros, já que do contrário se esvaziaria a ameaça inicial" (Busato, 2020, p. 579)

Para garantir a função de prevenção geral negativa, o direito penal deveria solucionar o problema da criminalidade funcionando como uma constante ameaça de um mal maior do que a prática delitiva – a pena –, que atuaria como força dissuasória sobre todos da sociedade, que, racionalmente, não decidiriam cometer qualquer crime por **não valer a pena**.

Na segunda fase da modernidade penal, do início do século XX e até o final da década de 1970, os discursos de prevenção especial positiva – teorias correcionalistas – dominam o sentido da pena. Tais teorias inauguram a perspectiva punitiva centrada no indivíduo e destinam-se àqueles que cometeram e cometem delitos, fracionando-se em duas vertentes: a primeira busca neutralizar o delinquente para que, durante o cumprimento da pena, não possa e/ou não consiga cometer novos delitos (prevenção especial negativa), e a outra procura, por meio da pena, corrigir, emendar e tornar o delinquente uma pessoa ressocializada, reeducada, reinserida etc. (prevenção especial positiva). Aqui, o referido valor atua sobre os que delinquiram, subdividindo-se em negativa (neutralizante) e positiva (que reproduzem um valor positivo na pessoa – ressocializar, reeducar, reinserir etc.) (Carvalho, 2013b). Nesse contexto, a pena passa a ser um programa de reforma moral do autor.

A partir dessas construções dogmáticas de teorias justificantes do exercício do poder punitivo pelo Estado, pautadas em uma relação utilitarista para com a sociedade, toma sentido o estudo da criminologia com fulcro, por exemplo, nas verificações empíricas sobre causas da criminalidade, uma vez que a pena precisa corresponder ao fim de prevenção geral e especial, positivo e negativo, normativamente determinado.

— 2.4 —
Direito penal do risco pós--moderno e a teoria da integração/prevenção da pena

A falência do sistema de justiça criminal aliada aos altos índices de criminalidade colocou em xeque o arcabouço de teorias relativas justificantes da pena provenientes da primeira e da segunda modernidade penal, abrindo espaço para o surgimento de correntes abolicionistas.

Desta feita, em contrapartida à crise de legitimidade das penas, houve a necessidade de revitalização dos discursos contemporâneos, cuja nova roupagem baseou-se na readequação dos antigos pressupostos, repetindo o padrão e a tradição iluminista retributiva outrora rechaçado.

Nesse sentido, ganha força a chamada *teoria da pena pelo justo merecimento*, que indica o estabelecimento de limites qualitativos e quantitativos por meio de critérios precisos, homogêneos e equânimes de aplicação das sanções com fundamento na censura ao dano causado (Carvalho, 2013b).

Para essa corrente, "o criminoso" seria como um "consumidor oportunista" cujo agir delitivo estaria pautado em um cálculo racional entre o bônus proveniente de sua conduta violadora da norma e o ônus da possibilidade da pena. Desse modo, "a alta probabilidade de prisão, em consequência, diminuiria as taxas de criminalidade" (Carvalho, 2013b, p. 105). Com base nesse raciocínio, seria necessário identificar o quanto antes fosse possível os potenciais infratores ou criminosos que formam esse grupo de risco à sociedade e neutralizá-los/eliminá-los.

Nesse sentido, Jakobs (2013) sustenta uma proposta de intervenção bélica do direito penal em relação a qualquer pessoa que demonstre eventual periculosidade social, considerando-a legítima mesmo ainda nas circunstâncias de atos preparatórios ou até mesmo se for necessária a supressão das garantias processuais do acusado.

Nessa lógica, "A política criminal é convertida em uma função instrumental de identificação dos riscos sociais; a pena é potencializada como ferramenta de neutralização ou eliminação de dissidentes" (Carvalho, 2013b, p. 112) e, assim, a racionalidade punitiva do Estado não encontra limites para a suposta eficiência repressiva.

Logo, temos a segurança como conceito simbólico, no qual a sociedade de risco em que o direito penal está inserido exige deste a função não apenas de controle social, mas que seu exercício se efetive por meio de uma política de limitação de riscos a qualquer custo. Há "o reconhecimento de que a moderna sociedade industrial gera riscos, que ameaçam a existência da sociedade, [e assim] cresce o interesse por 'segurança'". (Albrecht, 2010, p. 3)

O grande problema dessa superpotência que se confere ao Estado por meio do direito penal é que, sob a justificativa de se garantir a segurança da sociedade de um perigo simbólico, as

> garantias materiais e formais do Direito Penal caem vítimas do crescente pensamento de eficiência preventivo. A finalidade de limitação preventiva do risco justifica todo meio de intervenção estatal, do investigador oculto até a interceptação eletrônica no espaço privado. Característico do Direito Penal do risco é, também, especialmente, a inclusão de pessoas insuspeitas em medida de investigação estatal. Não o autor, mas grupos comunitários ou situações de vida caem sob suspeita. (Albrecht, 2010, p. 4)

Essa relação coloca o direito penal a serviço da proteção do sistema, como se fosse sua a incumbência de garantir orientação de ação e estabilidade de expectativas, de modo que "à pena, como reação à lesão da norma, é atribuída a função de evitar consequências negativas de uma violação da lei, para a estabilidade do sistema e para a confiança dos súditos no Direito" (Albrecht, 2010, p. 5).

Diante da análise de cada uma das teorias da pena que buscam justificar a razão da existência de uma resposta punitiva ao delito, considerando dados empíricos de encarceramento, reincidência, cifras ocultas do crime e tantos outros elementos circunstanciais dessa relação, podemos perceber que a pena, na prática, não é capaz de inibir o crime; também não garante a confiança de que o sistema de justiça criminal funciona; não nos dá segurança alguma de vida, liberdade política, integridade física; e na massiva maioria das execuções de pena não consegue ressocializar ou reeducar aquele que delinquiu. Portanto, cabe à **criminologia** – que antes se dedicava à análise do autor individual como causa da criminalidade – focar criticamente nas situações sociais problemáticas estruturais.

— 2.5 —
A teoria mista da pena e a fragmentação das teorias da pena

Após o fracasso enfrentado tanto pelas teorias retributivas quanto pelas teorias preventivas em geral, constituídas unilateralmente, na virada do século XX para o XXI o debate doutrinário e jurisprudencial se esmerou em construir uma solução simplista de combinação dos aspectos de cada uma das suas correntes. Essa nova solução penológica, chamada *teoria mista ou eclética da pena*, é, inclusive, atualmente adotada pelo Código Penal brasileiro, quando trata da aplicação da pena e estabelece que

> O juiz, atendendo à culpabilidade, aos antecedentes, à conduta social, à personalidade do agente, aos motivos, às circunstâncias e consequências do crime, bem como ao comportamento da vítima, estabelecerá, conforme seja necessário e suficiente para **reprovação e prevenção do crime** [...]. (Brasil, 1940, grifo nosso)

Nessa teoria, a finalidade da pena não fica clara, e nem poderia, pois suas propostas tão díspares não permitem que coexistam na mesma proporção, de modo que uma das perspectivas sempre precisará cumprir o papel de referência fundamental. Nesse contexto, "as teorias mistas quase sempre partem das teorias absolutas e tratam de cobrir suas falhas acudindo a teorias relativas. [...] Uma de suas manifestações é o lema seguido pela jurisprudência alemã: 'prevenção geral mediante retribuição justa'" (Zaffaroni; Pierangeli, 2020, p. 109), o que, como sabemos, continua sendo o jargão escrito nas entrelinhas da aplicação penal contemporânea.

A adoção de sistemas mistos de justificação que se expressam na teoria eclética da pena, por exemplo, é o primeiro indício de que as teorias legitimantes que a antecederam não foram capazes de suportar as críticas penológicas que se apresentaram frente ao seu evidente fracasso prático. Logo, a metanarrativa que nela se encerra atribui à pena funções plurais, de modo que "o sistema (misto) anularia as lacunas e as contradições parciais das teorias individuais, (re)estabilizando a estrutura punitiva" (Carvalho, 2013b, p. 122-123). Assim,

> se a principal característica da primeira e da segunda modernidade penal foi a adoção de *um* modelo explicativo fundamental sobre o crime, o criminoso e a pena, o cenário das últimas décadas é o de total **fragmentação das teorias da pena**. Emergem e coexistem distintos discursos, na maioria das

vezes contraditórios, sem que se tenha um consenso mínimo sobre o papel da sanção penal (e do próprio direito penal) na contemporaneidade. (Carvalho, 2013b, p. 122, grifo do original)

Isso porque a pretensa combinação de discursos que propõem a teoria mista ou eclética da pena é impraticável, uma vez que constrói um emaranhado teórico pautado em argumentos já deslegitimados a serem complementados e remendados, como se fossem pedidos alternativos firmados um para substituir o outro se aquele não for suficientemente convincente. Nesse sentido, cabe a reflexão crítica levantada por Carvalho (2013b, p. 124) ao afirmar que

> presencia-se na atualidade a coexistência de enorme variedade de teorias, servidas à la carte ao público consumidor do sistema penal conforme sua opção político-criminal, com especial destaque e relevância aos discursos autoritários neoconservadores que efetivam o atual cenário punitivista.

Na realidade, a proposta de modelos unificadores dos discursos legitimantes da pena parece romantizar os sistemas ilustrando-os como independentes, autônomos e autorreferenciais, capazes de autogestão, de modo a garantir a integração automática de suas funções, superar quaisquer crises, preencher lacunas e rechaçar quaisquer críticas. No entanto, é preciso admitir que "esta **vontade de sistema** não soluciona a questão e apenas oculta outro problema das grandes narrativas penológicas, qual seja, o de que a fusão de sistemas parciais deficitários não gera automaticamente sua correção, mas ao contrário, **patologiza suas crises**" (Carvalho, 2013b, p. 123, grifo do original).

A supramencionada positivação do art. 59 do Código Penal brasileiro é um dos exemplos da tentativa de se "impor, por decisão das agências políticas, um encerramento de debate para os intérpretes do direito penal ante a dissolução do respectivo discurso", adotando a combinação impraticável das teorias que, "Além da incoerência teórica, a gravidade está nas consequências práticas destas teorias combinatórias" (Zaffaroni et al., 2019, p. 140). Assim, podemos dizer que tais "remendos teóricos" incoerentes, em matéria de pena, são muito mais autoritários do que suas narrativas puras, pois permitem os ajustes mais prejudiciais possíveis:

> é possível dizer que as grandes narrativas da modernidade produziram, no âmbito geral das ciências criminais, duas consequências evidentes: **primeira**, a **essencialização** do criminoso; **segunda**, a edificação de **soluções universais** para o problema do crime, traduzidas, na dogmática penal, pelas teorias da pena. (Carvalho, 2013b, p. 119, grifo do original)

Tais resultados apenas reforçam a capacidade que tem o padrão científico em fomentar a redução da complexidade das problemáticas criminais a ponto de, simplificando-as ao extremo, propor que a pena criminal seja o único mecanismo de controle social eficiente. Isso, por consequência, reafirma a hipótese de que a questão criminal é costumeiramente mal enfrentada pelas autoridades, pelas (e por influência das) mídias e pela sociedade em geral: "Independente da diversidade do ilícito praticado, as doutrinas penais, notadamente os modelos dogmáticos ortodoxos, projetaram como solução única e universal ao problema do crime a pena criminal" (Carvalho, 2013b, p. 120). Dessa forma, as políticas públicas de cunho social, de saúde pública, educacionais, de moradia, entre outras, não recebem tanta relevância quanto as políticas criminais punitivistas adotadas sob o argumento de solucionar a criminalidade.

Todavia, importa admitirmos que:

> Em relação ao campo do controle punitivo, reconhecer a complexidade dos problemas que envolvem as violências (interpessoais, institucionais e simbólicas) significa perceber a diferença substancial entre os inúmeros atos desviantes criminalizados; a seletividade do sistema punitivo; a vulnerabilidade de determinadas pessoas e grupos sociais; a incapacidade de as penas cumprirem suas funções declaradas; a violência inerente às agências de punitividade [...]. (Carvalho, 2013b, p. 121)

É necessário deixar de ignorar esses lampejos de uma violência que não é apenas conjuntural, mas também estrutural, para que possam ser levantadas novas respostas, novas hipóteses formais e informais, a fim de modelar um controle social não violento.

Capítulo 3

Criminalidade e criminalização

> "Pode-se obrigar um homem a pagar por uma ação, mas não faz sentido obrigá-lo a pagar pelo fato de a sociedade o ter declarado um sujeito perigoso."
>
> (Pachukanis, 2017, p. 182)

Você certamente já ouviu comentários do tipo "a criminalidade tem aumentado!", mas talvez não tenha parado para pensar qual é a relação que se estabelece entre as pessoas inseridas na sociedade para que tal fenômeno ocorra. Já refletiu sobre o que faz aumentar ou diminuir a criminalidade? Quais os fatores determinantes dessa métrica? Antes de qualquer coisa, é preciso ter em mente que o crime é um fenômeno complexo, um conceito criado e, como fato social, especificado pelo Estado para coibir condutas não aceitas socialmente, principalmente pela classe que os define. Portanto, marcadamente definidas a criminalização primária e a secundária, é possível compreender uma relação entre o sistema punitivo e a estrutura social, refletindo inevitavelmente as mazelas decorrentes das desigualdades inerentes ao sistema capitalista.

— 3.1 —
Sistema penal: punição e estrutura social

"O sistema penal de uma dada sociedade não é um fenômeno isolado sujeito apenas às suas leis especiais. É parte de todo o sistema social, e compartilha suas aspirações e seus defeitos."

(Rusche; Kirchheimer, 2004, p. 282)

Os diversos discursos jurídico-penais erigidos a fim de justificar o exercício do poder punitivo – principalmente a partir do paradigma carcerário – partem de um enfoque ideológico ou idealista que ofusca a efetiva função que exerce a prisão e sua incapacidade de cumprir as promessas que faz no campo prático. É necessário, portanto, "despir a instituição social da pena de seu viés ideológico e de seu escopo jurídico e, por fim, trabalhá-la a partir de suas verdadeiras relações" (Rusche; Kirchheimer, 2004, p. 19) para que seja possível compreender a realidade do cárcere e interpretar seu desenvolvimento.

Assim, tanto quanto a brilhante obra de Foucault *Vigiar e punir* quanto o estrondo materialista histórico da tese de Georg Rusche e Otto Kirchheimer *Punição e estrutura social* firmaram as bases da criminologia crítica ao concentrarem seus esforços explicativos na reconstrução científica da história do cárcere e sua função na sociedade capitalista. A obra foucaultiana aponta para a importância do cárcere na construção do universo panóptico disciplinar, a fim de transformar as massas de camponeses para o trabalho nas fábricas, e o trabalho de Rusche e Kirchheimer, sob o qual nos debruçaremos neste momento, sustenta a relação necessária entre os sistemas penais e as fases do desenvolvimento econômico.

O exercício do poder punitivo no decorrer da história – para além de suas teorias justificantes – sofreu diversas alterações quanto à sua forma ou ênfase, mas se manteve constantemente a serviço do desenvolvimento econômico que lhe consubstanciou. Logo, muito embora não se delimite uma origem única dos contextos penais e suas imposições, é nos primórdios do medievo que três principais razões se opuseram ao direito penal privado – e ainda não institucionalizado –, oficializando-o como uma eficaz ferramenta de dominação de uns sobre outros:

- a expansão do poder disciplinar do senhor feudal sobre aqueles que a ele se subordinavam economicamente;
- o constante embate das autoridades centrais pelo fortalecimento de suas influências por meio da extensão de seus direitos judiciais;
- o interesse fiscal da matéria, comum às autoridades (Rusche; Kirchheimer, 2004).

Assim, dominar a questão criminal poderia se traduzir no exercício de um poder disciplinar, no sentido de controle das massas subalternas, em uma forte (im)posição política e jurídica e, ainda, em prerrogativas fiscais e de cunho econômico.

A pena pecuniária da Baixa Idade Média, que funcionava como uma espécie de indenização ou fiança pelo crime cometido, desempenhou no direito criminal um importante papel no processo de preservação da hierarquia social, pois dependia da capacidade do prisioneiro de pagar e, portanto, "era reservada aos ricos, enquanto o castigo corporal tornou-se a punição para os pobres" (Rusche; Kirchheimer, 2004, p. 35), que muitas vezes nada tinham além de seus próprios corpos. Aos poucos, as massas tornaram-se cada vez mais empobrecidas e, quanto mais desprovidas de recursos financeiros, mais rudes eram os castigos físicos a fim de dissuadi-las (Rusche; Kirchheimer, 2004). Desse modo, o castigo físico tornou-se não apenas suplementar à falta de pagamento pecuniário, mas também a forma regular de punição.

Com o passar dos anos, constatou-se a ineficácia das penas corpóreas, pois, em que pese o espetáculo punitivo das execuções públicas, estas não dissuadiam o cometimento de crimes, mas desperdiçavam ou tornavam inúteis os condenados. Assim, a viabilidade da exploração do trabalho de prisioneiros passou a ser considerada cada vez mais com atenção/interesse, já que eles poderiam ser utilizados nas galés de embarcações exploratórias e mercantis, na própria servidão penal por meio de trabalhos forçados, deportando-os ou transformando-os em reforço e reposição dos exércitos em guerras. Quantas utilidades poderiam ser dadas que não o suplício, os desmembramentos e as torturas? Podemos dizer que a relativização do sistema tradicional de fianças e penas corpóreas resultou efetivamente de um "desenvolvimento econômico que revela o valor potencial de uma massa de material humano completamente à disposição das autoridades" (Rusche; Kirchheimer, 2004, p. 43), e não de razões humanitárias.

Entre os séculos XV e XVI, a automutilação dos prisioneiros tornou-se uma forma de resistência à lenta e dolorosa morte decorrente dos trabalhos forçados, da escravidão, das galés e das deportações, uma resposta do poder estatal à criminalização da automutilação e da vagabundagem frente à nova realidade imposta pelo contexto mercantilista, na qual o trabalho era necessário para a manutenção dos lucros e da prosperidade. Nesse sentido, o crime de automutilação era punido com pena de morte, e "todos os vagabundos que se recusassem a trabalhar ou que fugissem seriam entregues a senhores como escravos por dois anos; reincidentes pela segunda vez seriam sentenciados à escravidão pelo resto da vida, e condenados à morte se reincidissem por uma terceira vez" (Rusche; Kirchheimer, 2004, p. 65).

Ainda em oposição à vagabundagem, as classes proprietárias começaram a se rebelar contra as despesas das casas de assistência à pobreza (*poorhouses*) sustentando "que toda assistência aos mendigos de rua aptos deveria ser abolida em favor da assistência da casa de trabalho (*workhouse*)" (Rusche; Kirchheimer, 2004, p. 135) e que, com base no princípio da *less eligibility*, as condições de vida oferecidas pelas instituições assistenciais, assim como nas prisões, deveriam ser inferiores àquelas gozadas pelas categorias mais baixas dos trabalhadores livres, de modo a constranger o delinquente/necessitado ao trabalho e resguardar os efeitos dissuasivos da pena. Tais premissas fundamentaram o processo de introdução da pena de encarceramento instaurado no sistema de justiça criminal.

A ideia de que as casas de assistências aos pobres poderiam de alguma forma contribuir para a vagabundagem e dar força à insurgência do proletariado ao trabalho nas fábricas fez surgir a casa de correção, na qual

> os mais resistentes eram forçados a forjar seu cotidiano de acordo com as necessidades da indústria. [...] A essência da casa de correção era uma combinação de princípios das casas de assistência aos pobres (*poorhouse*), oficinas de trabalho (*workhouse*) e instituições penais. (Rusche; Kirchheimer, 2004, p. 69)

Era preciso transformar a força de trabalho desses indesejáveis e torná-los úteis à sociedade, criando neles hábitos industriosos.

As casas de correção ocuparam um importante papel no crescimento da produção capitalista graças à combinação perfeita de salários baixos e qualificação da mão de obra, tornando-se extremamente valiosas para a economia nacional e firmando laços cada vez mais fortes com as penas de prisão, uma vez que a principal finalidade destas não era a recuperação dos prisioneiros, mas a exploração racional da força de trabalho.

A transformação desse método punitivo – o cárcere – em algo lucrativo e a utilização do sistema penal como parte do programa mercantilista do Estado (Rusche; Kirchheimer, 2004) foram as principais motivações que deram ênfase ao encarceramento como pena principal. Tanto é que a quantificação do tempo de execução da pena não tinha como métrica o crime em si, pois

> o período de detenção nos casos de internos jovens ou recém-adestrados era determinado pelas necessidades da instituição ou de seus empreiteiros. Trabalhadores aptos cuja manutenção e treinamento envolvessem despesas consideráveis deviam ser retidos tanto tempo quanto possível. A duração do confinamento era, entretanto, fixada arbitrariamente pelos administradores em todos os casos, exceto aqueles encaminhados voluntariamente por seus parentes. (Rusche; Kirchheimer, 2004, p. 99)

A divergência acerca da função, do propósito e da natureza do cárcere era tão grande que ocasionou o aprisionamento de todos que fossem considerados indesejáveis por seus vizinhos ou superiores. Não havia critério definido para o processo, não havia relação bem definida entre o crime e a punição a ser aplicada, a duração das penas dependia muito mais da condição individual do delinquente do que da gravidade do pretenso delito perpetrado e, assim, a justiça criminal trazia consigo todos os tipos de insegurança, incertezas quanto às punições e até arbitrariedades dos tribunais.

Essa realidade afetava muito mais as classes subalternas do que quaisquer outras, porque, em razão das prisões processuais, mesmo que absolvidos ao final do processo, os acusados dessas classes, em sua maioria, eram mantidos encarcerados por conta da impossibilidade financeira de pagar a fiança pelas despesas de carceragem. De toda forma,

> os problemas de uma definição mais precisa de direito substantivo e do aperfeiçoamento dos métodos de processo penal foram trazidos para o centro do debate pela burguesia, que ainda não havia ganho sua batalha pelo poder político e procurava obter garantias legais para sua própria segurança. (Rusche; Kirchheimer, 2004, p. 110)

Durante o Iluminismo, estabelecer limites ao poder de punir do Estado tornou-se uma preocupação primordial dos pioneiros da reforma, que, através do esforço legislativo, buscaram sujeitar as autoridades a um controle rígido. Logo, princípios como legalidade, anterioridade da lei penal, proporcionalidade, taxatividade, publicidade, entre outros, passam a ser colocados em pauta. Todavia, "falar de igualdade perante a lei não prevenia que os mesmos fatos tivessem diferentes interpretações para classes diferentes" (Rusche; Kirchheimer, 2004, p. 143). O crescimento dessas garantias penais promovia efeitos distintos entre as classes:

serviu para proteger, entre outros, aqueles membros da burguesia e da aristocracia que eram menos protegidos, de forma a dar-lhes garantias contra os entraves em sua liberdade de movimento e, também, facilitar-lhes suas atividades pouco reputáveis. As classes subalternas, de outro lado, raramente podiam desfrutar da máquina judicial complicada criada pela lei tanto para elas quanto para os ricos, por não disporem do saber ou dos recursos econômicos necessários. (Rusche; Kirchheimer, 2004, p. 117)

De todo modo, a situação política desse contexto permitiu que a classe proprietária exercesse a administração da justiça criminal e, com isso, garantisse seu interesse maior: a propriedade. Desde os pequenos detalhes até as "grandes conquistas iluministas" pautadas no mito da igualdade esconderam os interesses daqueles que legislavam, julgavam e executavam as leis, afinal, qualquer sistema historicamente dado de políticas punitivas traz impresso em si os interesses de classe daquela classe que o realizou. Nesse sentido,

> o senhor feudal condenava à execução alguns camponeses e cidadãos rebeldes contrários a sua dominação. Na Idade Média, era considerado infrator da lei todo aquele que queria exercer artesanato sem estar numa oficina; a burguesia capitalista, que mal acabara de nascer, declarou como crime o desejo dos trabalhadores de se unirem em associações. (Pachukanis, 2017, p. 172)

Com o advento da Revolução Industrial, tornou-se cada vez mais difícil o lucro proveniente da massa de prisioneiros desmoralizada e reunida indiscriminadamente (Rusche; Kirchheimer, 2004), pois a produção da reserva de trabalhadores – recém-substituídos por máquinas e motores a vapor – transformou-se em um grande excedente altamente custoso. Em alguns locais nos quais a manutenção dos prisioneiros deixou de ser lucrativa, estes passaram a carregar pedras de um lado a outro, cavar poços ou mover moinhos desnecessariamente.

É por meio desses movimentos histórico-dialéticos que punição e estrutura social se relacionam no contexto econômico vigente, o que proporciona uma correspondência necessária entre as formas específicas de punição e o estágio de desenvolvimento econômico nas quais se encontram. "É evidente que a escravidão como forma de punição é impossível sem uma economia escravista, que a prisão com trabalho forçado é impossível sem a manufatura ou a indústria, que fianças para todas as classes da sociedade são impossíveis sem uma economia monetária" (Rusche; Kirchheimer, 2004, p. 20). O inverso também é verdadeiro, ao passo que o desaparecimento de dado sistema de produção torna inaplicável a pena que lhe era pertinente. Essa relação é também evidenciada por Foucault (1987, p. 25) ao explicar que

> numa economia servil, os mecanismos punitivos teriam como papel trazer mão de obra suplementar – e constituir uma escravidão "civil" ao lado da que é fornecida pelas guerras ou pelo

comércio; com o feudalismo, e numa época em que a moeda e a produção estão pouco desenvolvidas, assistiríamos a um brusco crescimento dos castigos corporais – sendo o corpo na maior parte dos casos o único bem acessível; a casa de correção – o Hospital Geral, o Spinhuis ou Rasphuis – o trabalho obrigatório, a manufatura penal apareceriam com o desenvolvimento da economia de comércio. Mas como o sistema industrial exigia um mercado de mão de obra livre, a parte do trabalho obrigatório diminuiria com o fim corretivo.

Dessa forma, o sistema penal reflete a desigualdade do sistema econômico para o qual foi criado e busca constantemente garantir sua manutenção, o que torna a pena "nem uma simples consequência do delito, nem o reverso dele, nem tampouco um mero meio determinado pelo fim a ser atingido" (Rusche; Kirchheimer, 2004, p. 19), mas se trata de

> método(s) punitivo(s) adequado(s) às suas forças produtivas e às suas relações de produção, porque a função dos métodos punitivos é precisamente coconstituir e reproduzir a estrutura social que lhe corresponde: daí a noção funcional existente entre pena e estrutura social. (Andrade, 2016, p. 75)

Dessa forma, não se refere apenas a uma deliberação casual do Estado (ou do soberano no decorrer das mutações históricas); a questão é que "o sistema penal tornou-se território sagrado da nova ordem socioeconômica, atualizando a reflexão de Rusche:

sobram braços e corpos no mercado de trabalho, aumentam os controles violentos sobre a vida dos pobres" (Batista, 2011, p. 100).

A realidade que se prospecta diante dessas análises é a afetação no mercado de trabalho, que se manifesta, no sistema capitalista, como uma dimensão econômica e política ao mesmo tempo (Baratta, 2013), em um processo quase inevitável de exclusão, que promove um terreno fértil para uma cultura de marginalização criminal. Afinal, se por um lado é preciso enfrentar concorrência típica entre os (des)afortunados para ingresso nas relações de trabalho, por outro "os empregadores não gostam de contratar ex-presidiários, seja por causa do risco, seja devido à carência deles em matéria de qualificação técnica e habilidade para o trabalho intensivo" (Rusche; Kirchheimer, 2004, p. 218).

Baratta (2013, p. 190) explica que, mesmo com abordagens distintas, as proposições de Rusche e Kirchheimer dialogam com Foucault quando este indica que o sistema punitivo teria uma função indireta de "golpear uma ilegalidade visível para encobrir uma oculta" e uma direta de "alimentar uma zona de marginalizados criminais, inseridos em um verdadeiro e próprio mecanismo econômico (indústria do crime) e político (utilização de criminosos com fins subversivos e repressivos)".

Nesses termos, a lógica da acumulação capitalista não permite que se cumpra a promessa de (res)socializar os setores de marginalização por meio do trabalho, pois "tem necessidade de manter em pé setores marginais do sistema e mecanismos de renda e parasitismo" (Baratta, 2013, p. 190), de modo que se torna impossível o enfrentamento da marginalização criminal sem afetar a estrutura da sociedade capitalista. Portanto, a compreensão acerca da estreita relação entre o crime e as condições socioeconômicas que sustentam a respectiva política criminal é o ponto de partida para a compreensão de que

> a futilidade da punição severa e o tratamento cruel podem ser testados mais de mil vezes, mas enquanto a sociedade não estiver apta a resolver seus problemas sociais, a repressão, o caminho aparentemente mais fácil, será sempre bem aceita. Ela possibilita a ilusão de segurança, encobrindo os sintomas da doença social com um sistema legal e julgamentos de valor moral. (Rusche; Kirchheimer, 2004, p. 282)

O enfrentamento racional das forças que sustentam a incidência punitiva, não pelo viés ideológico, mas pelas reais funções e consequências que estas promovem na sociedade, deve partir da premissa de que "a reforma de qualquer instituição humana depende do valor atribuído ao indivíduo" (Rusche; Kirchheimer, 2004, p. 79) e não mais permitir que a manutenção das estruturas sociais de modo desigual se perpetue a dolorosos custos punitivos.

— 3.2 —
Revisitando as origens do sistema penitenciário (séculos XVI-XIX)

Com base nas premissas já estruturadas sobre as conexões existentes entre as formas de controle social – punição e estrutura social –, podemos dizer que a instituição carcerária moderna tem sua raiz (como pena autônoma e ordinária) no modo de produção capitalista, o que permanece vigente até os dias atuais para garanti-lo. Assim, a partir de uma breve abordagem historiográfica comprometida em revisitar os contextos político-econômicos que permearam as origens do sistema penitenciário na Europa e na Itália (Melossi; Pavarini, 2017), buscaremos compreender essas relações.

Até o final do século XIV, a sociedade feudal apenas conhecia o cárcere preventivo e aquele decorrente de dívidas. Com o fim desse sistema socioeconômico, essas funções sofrem alterações significativas. A expulsão da classe proletária dos campos, desprovida de qualquer meio de produção, formou uma grande massa de desocupados urbanos, em razão do excesso de mão de obra para manufatura e da não adaptação à disciplina do trabalho, a qual, por conseguinte, passou a ser vista como uma classe perigosa.

Com o desenvolvimento acentuado da atividade econômica, das práticas comerciais, as cidades foram povoadas por milhares de trabalhadores expropriados – ex-artesões e ex-camponeses –, que compuseram a força de trabalho das manufaturas, e os excedentes da demanda forçadamente foram "convertidos em mendigos, vagabundos, às vezes bandidos, porém, em geral, numa multidão de desempregados" (Melossi; Pavarini, 2017, p. 34-35). Estes logo passaram a ser tratados como delinquentes, pois a legislação entendeu que dependia somente deles continuar a trabalhar, ainda que as velhas condições a que estavam acostumados não mais existissem. Assim, proliferaram por toda a Europa Ocidental, no final do século XV e durante o século XVI, textos normativos sanguinários contra a vagabundagem.

A recusa ao trabalho por parte da classe proletária, principalmente daqueles que detinham saúde e força, foi criminalizada e duramente apenada. Somente eram autorizados a mendigar os incapacitados para o trabalho; os demais, não poderiam receber qualquer tipo de caridade sob pena de açoites. Assim, para que se tornasse útil a atuação da massa ociosa no sistema econômico – como instrumento de política social –, surgiram as *houses of correction* (casas de correção), nas quais o trabalho forçado e obrigatório era o mecanismo que os transformava em indivíduos dóceis e disciplinados para o mercado. Ademais, no que tange aos estatutos promulgados desde o início do século XIV até meados do século XVI na Inglaterra, medidas como a distinção entre ociosos impotentes e vagabundos, para punir estes últimos; o estabelecimento de uma taxa máxima de salário e a obrigação do sujeito de aceitar quaisquer que fossem as condições do emprego; o prolongamento das jornadas de trabalho;

a proibição de livre associação dos trabalhadores, entre outras, visavam "dobrar a resistência da força de trabalho e fazê-la aceitar as condições que permitissem o máximo grau de extração de mais-valia" (Melossi; Pavarini, 2017, p. 38).

O cenário que compôs a passagem da sociedade camponesa medieval ao contexto industrial destituiu o vínculo direto e imediato do trabalhador com o senhor feudal e conduziu este à força indireta da coação econômica, o mercado "livre" (Melossi; Pavarini, 2017). Assim, sob a influência marcante do Iluminismo, o trabalhador foi transformado – por meio de um contrato – em um ser livre e sem vínculos. Entretanto, essa liberdade teve um custo alto, o da sobrevivência: primeiro para não morrer de fome, e segundo para não ser alvo das drásticas medidas adotadas pela política criminal das ferrenhas leis contra vagabundagem. Podemos dizer que a classe trabalhadora não dispunha de muitas opções. Se por um lado o sistema econômico ao qual estava acostumada já não mais existia, por outro não ter um emprego, a qualquer custo, além de inviabilizar a própria subsistência, constituía uma conduta criminalizada.

A constante pressão para colocar os pobres para trabalhar fez com que as ações de caridade fossem completamente rechaçadas – inclusive pela Igreja – a fim de tornar o sistema, que até então era privado, em público e com a obrigatoriedade de se oferecer trabalho. Já nas *workhouses* (casas de correção), além do trabalho forçado, as punições como açoites e ferro em brasa voltaram ser utilizadas. Dessa forma, "a cada vez maior afinidade da casa de correção com o velho cárcere de custódia faz a instituição penal, ao menos na Inglaterra, retornar ao período da Idade Média tardia, no que diz respeito ao regime interno" (Melossi; Pavarini, 2017, p. 63). A casa de trabalho para pobres e a casa de correção – destinada a vagabundos e criminosos – tinham uma mesma finalidade **na prática**: incutir no proletariado o aprendizado da disciplina para o trabalho. Em síntese, tais instituições se caracterizavam por promoverem a gestão da formação, produção e reprodução do proletariado de fábrica. Elas representavam

> instrumentos essenciais da política social do Estado, política que tem como meta garantir ao capital uma força de trabalho que – por atitudes morais, saúde física, capacidade intelectual, conformidade às regras, hábito à disciplina e à obediência etc. – possa facilmente se adaptar ao regime de vida na fábrica em seu conjunto e produzir, assim, a quota máxima de mais-valia passível de ser extraída em determinadas circunstâncias. (Melossi; Pavarini, 2017, p. 73)

Assim, forçava-se o pobre a aceitar quaisquer condições de trabalho, uma vez que a vida no interior das casas de trabalho e de correção eram muito piores do que a realidade contemplada pelo estrato social livre mais baixo da época – esse é o princípio da *less eligibility*. Da perspectiva criminológica, podemos dizer que essa rigidez exerce a função de promover o efeito de prevenção geral sobre os que estão de fora. Trata-se de "uma função intimidadora para com o operário livre, já que é preferível aceitar as condições impostas ao trabalho e, de forma mais geral, à existência, do que acabar na casa de trabalho ou no cárcere" (Melossi; Pavarini, 2017, p. 47).

Nesse contexto, as penas a serem cumpridas nas casas de correção eram, em regra, de um período curto de tempo, porém, a liberação do condenado (judicial ou administrativa) dependeria do seu "bom comportamento" ou da **demanda de mercado**, porque o trabalho forçado não tinha apenas a função de disciplinar, mas também de contrabalancear o salário do interno em relação ao do manufatureiro e operário livre.

Com o passar dos anos, a produção capitalista avança e as gerações da classe operária resistem cada vez menos, passando a reconhecer como naturais e óbvias as exigências do modo de produção que lhe fora ensinado. Podemos dizer que

> é a política correcional dirigida aos jovens que abre o caminho para uma reforma mais ampla na organização da política criminal. [...] Por um lado, é claro que o surgimento de uma tendência recuperativa, reeducativa, foi facilitado pela convicção de que havia maiores possibilidades **pedagógicas** no trato com homens jovens; por outro, não há dúvida de que, naquela época, os trabalhadores adolescentes e mesmo pré-adolescentes eram sempre os mais procurados pela indústria, que os preferia exatamente pelos mesmos motivos que os tornavam mais facilmente corrigíveis, mais dóceis e menos resistentes à inserção no mundo do trabalho e à exploração. (Melossi; Pavarini, 2017, p. 113, grifo do original)

Podemos perceber que a narrativa dos contornos históricos que delineiam o desenvolvimento do capital nos contextos socioeconômicos faz com que a relação entre mercado de trabalho livre e trabalho penitenciário se articule como uma gangorra no sistema capitalista aos cuidados do poder punitivo. Então, se temos uma grande proporção de mão de obra livre, a mão de obra interna é forçadamente desvalorizada por meio da pena, que cumpre um papel de castigo apenas; se, todavia, o trabalho livre é escasso, os trabalhadores do cárcere passam a fazer parte dos processos produtivos sob o argumento pedagógico de ressocialização.

Como exemplo disso, quando "a abundância da força de trabalho livre era tamanha que o trabalho forçado já não era mais necessário para exercer a função de regulador dos salários externos" (Melossi; Pavarini, 2017, p. 69), observamos, como resultado, uma violenta incongruência: a ausência de capitais suficientes para dar trabalho a todos os pobres e a condenação destes por serem taxados como vagabundos e ociosos – razão pela qual estes "maldiziam abertamente os magistrados por não serem capazes de garantir-lhes trabalho" (Melossi; Pavarini, 2017, p. 63).

O advento das máquinas trouxe consigo uma nova programação punitiva. O disciplinamento do industrialismo "é mais sutil em relação ao da revolução mercantil: não se centra na programação da seleção de inimigos para eliminá-los, mas na submissão das massas e nações para incorporá-las à sua tecnologia e torná-las funcionais para o poder industrial" (Zaffaroni et al., 2019, p. 395). Esse é o momento em que se assiste uma aparente humanização das penas, tornando o cárcere seu fulcro central. Outra consequência da Revolução Industrial foi substituir grande parte da mão de obra do trabalhador nas fábricas e, assim, tornar o trabalho forçado penitenciário cada vez mais custoso, disfuncional e antipedagógico, afastando seu caráter produtivo e pretensamente ressocializante. Portanto,

> voltou-se à prática funesta do lucro privado do guarda, desapareceu todo e qualquer tipo de classificação ou de diferenciação, por mais grosseira que pudesse ter sido praticada antes. As seções femininas do cárcere se transformaram em bordéis regidos pelos carcereiros. [...] A tendência histórica que não muda – ao contrário, é consolidada e afirmada desse período – é a substituição das velhas penas corporais e de morte pela detenção. Uma detenção, todavia, cada vez mais inútil e dolorosa para os internos. (Melossi; Pavarini, 2017, p. 64)

Lá fora, expandem-se novamente os fenômenos de vagabundagem e banditismo, pois outra vez formam-se nos centros urbanos massas de trabalhadores desocupados, oriundos não mais dos processos de acumulação primitiva – como ocorreu quando da expulsão dos campos e da atividade agrícola –, mas da drástica redução da manufatura pelas grandes novidades industriais.

É a história da relação entre capital e trabalho que sempre tenciona os valores e a violência que ora se expandem e ora se contraem na luta de classes. E, assim, "a história da luta de classes [...] torna-se então a história das relações capitalistas no interior da fábrica, da autoridade do capital na fábrica e, correspondentemente, da **disciplina** do trabalhador e de tudo que serve para criar, manter ou subverter essa autoridade" (Melossi; Pavarini, 2017, p. 76, grifo do original).

Nessa toada, todo discurso humanista que consubstanciou a origem do cárcere no curso da história das punições e a igualdade formal representada pela pena como retribuição pelo mal causado ocultam a total submissão e a violência conveniente que o sistema punitivo exerce de maneira seletiva sobre a classe trabalhadora como aparelho disciplinar exaustivo para transformar vagabundos e delinquentes em sujeitos dóceis e *úteis*; o salário como retribuição justa pelo trabalho, na relação entre sujeitos "livres" e "iguais" no mercado, esconde a dependência substancial e a desigualdade real do processo de produção, no qual a expropriação da mais-valia depende de uma retribuição desigual; "a subordinação do trabalhador ao capitalista significa dependência real, determinada pela coação das necessidades econômicas" (Santos, citado por Melossi; Pavarini, 2017, p. 8).

Logo, temos uma relação de interdependência na qual o sistema punitivo e, mais especificamente, o cárcere atua como fábrica de proletariados e a fábrica, como cárcere dos operários; não há meio-termo.

— 3.3 —
A relação entre cárcere e fábrica

No Estados Unidos, a realidade da origem do controle social por meio do cárcere foi um pouco diferente da Europa, pois na América não se teve como premissa inicial o pauperismo, por compreendê-lo como fruto de uma realidade social problemática. Eram marcantes as políticas sociais contra vagabundagem e a pobreza, prevendo formas de assistência doméstica aos indigentes residentes (*household*), mas o comportamento hostil se projetava principalmente contra novos colonizadores, quando se tratava de imigração pobre.

Ainda assim, nas colônias mais densamente povoadas do continente americano, entre os séculos XVII e XVIII, surgem as tradicionais instituições europeias de controle e repressão da vagabundagem, as casas de trabalho, as casas de caridade e as casas de correção (*workhouses, household* e *house of correction*), ao lado de eventuais prisões preventivas já existentes, que se destinavam a devedores, aprendizes fugitivos ou acusados que respondiam a julgamento.

Na passagem do século XVIII para o XIX, os Estados Unidos enfrentam um acentuado processo de acumulação capitalista, partindo de uma sociedade tipicamente agrícola para uma economia mercantil e industrial. As elevadas taxas de imigração europeia e a incontrolável mobilidade social promoveram um aumento da oferta da mão de obra e da capacidade produtiva, que se tornou insustentável frente ao acelerado processo de industrialização que se projetou.

Nessas condições, a euforia da vontade de construir o sonho americano ignorou o resultado dos processos desagregadores da antiga base sociocultural e, alegando ser capaz de permitir o pleno emprego, rumou na luta contra a pobreza e contra a criminalidade sob o argumento de que a causa principal do pauperismo era de natureza individual. Ou seja, a indesejada presença de amplos estratos marginais entre as classes menos favorecidas passou a ser atribuída direta ou indiretamente a um comportamento culpável e, por consequência, condenável (Melossi; Pavarini, 2017).

Tornou-se necessário o estabelecimento de uma nova política de controle social para solucionar o problema, uma vez que os mecanismos tradicionais de contenção dos conflitos tornaram-se obsoletos: "as confissões religiosas, da mesma forma que a instituição familiar", sofreram "uma profunda crise de autoridade, sobretudo entre a classe operária urbana", e já não ofereciam "mais nenhuma garantia de poder operar como instrumentos eficazes de socialização e de controle social" (Melossi; Pavarini, 2017, p. 183). Permanece, todavia, o receio de que as massas juvenis não doutrinadas pela religião ou pela família pudessem, talvez, com o tempo, tornarem-se criminosas e, como ameaça a esse perigo – **simbólico** – foi criada a escola-fábrica (*farm-school*) para internamento compulsório desses jovens.

As instituições de controle projetadas até então (*workhouses, householde houses of correction*), que tinham como intuito a imposição da disciplina do trabalho, tornaram-se cada vez mais custosas por dois motivos principais: os altos custos da vigilância e a não produtividade do trabalho dos internos em razão das dificuldades técnicas e econômicas de introduzir, através das máquinas, um sistema de trabalho competitivo em relação ao mercado livre. Isso porque, no modelo penitenciário de Walnut Street (Filadélfia, 1790), que surgiu no período manufatureiro, a forma de cumprimento da pena baseava-se no isolamento celular dos internos, na obrigação ao silêncio, na meditação e na oração. Todavia, com o advento do industrialismo e das linhas de produção fordistas, de trabalho inevitavelmente coletivo, o emprego da força de trabalho imposta apresentou seu aspecto antieconômico diante do paradigma recentemente instaurado. Nesse sentido,

> na medida em que aumentava a presença institucional como eixo da política de controle social, ao mesmo tempo, por razões objetivas ligadas ao processo econômico, diluíam-se as funções ressocializantes do trabalho obrigatório e produtivo. [...] o internamento se transformou em pena propriamente dita, na qual o aspecto de terror e intimidação se sobrepôs completamente à finalidade reeducativa original. (Melossi; Pavarini, 2017, p. 185-186)

No início do século XIX, a partir do momento em que a importação de escravos se tornou cada vez mais difícil na América por conta da nova legislação proibitiva, a conquista de novos territórios e a célere industrialização demandaram da mão de obra que as taxas de natalidade e de imigração não foram capazes de suprir. A conjuntura econômica projetou um aumento do nível salarial e registrou o nível mais baixo dos índices de criminalidade da história. Na realidade, diversos fatores proporcionaram esse momento:

> as possibilidades concretas de se encontrar facilmente um emprego bem remunerado na América reduziam as ocasiões de cometer crimes contra a propriedade; a reincidência era fortemente desencorajada pelas possibilidades de trabalho abertas, por necessidade econômica, também aos ex-condenados. (Melossi; Pavarini, 2017, p. 190)

O mercado de trabalho livre se abriu para o trabalhador, não por benevolência ou qualquer razão humanitária, mas por uma necessidade econômica.

No cárcere, o trabalho produtivo é reintroduzido, mas "continuava sendo um investimento improdutivo, uma vez que não podia competir com a chamada produção livre, e, ao mesmo tempo, não educava os presos nas habilidades e capacidades profissionais que eram requeridas do operário moderno" (Melossi; Pavarini, 2017, p. 190).

Diante dessas transformações sociais estruturais, a solução da crise do sistema punitivo surge com a penitenciária de Auburn (Nova York, 1819), conhecida posteriormente como *sistema penal americano*, calcada em dois critérios fundamentais:

1. *solitary confinement* à noite;
2. *common work* de dia (Melossi; Pavarini, 2017).

A ideia era estabelecer no cárcere uma estrutura análoga àquela dominante nas fábricas, como de fato veio a ocorrer nos contextos socioeconômicos seguintes. Substituiu-se, portanto, a disciplina pautada na vigilância pela disciplina interna da organização do trabalho e, ainda, percebeu-se que era muito mais fácil estimular os internos ao trabalho com uma perspectiva de privilégios do que por meio de ameaças e punições.

A dependência que o sistema punitivo apresenta em relação às circunstâncias decorrentes do binômio sistema econômico e trabalho produtivo resta evidenciada quando da análise das transformações que o modelo Auburn promoveu em face do Walnut Street:

> se a manufatura produziu o confinamento solitário para oração e arrependimento do **modelo de Filadelfia**, a indústria produziu o trabalho coletivo do **modelo de Auburn**, mediante o *silent system*, que introduz a disciplina da **fábrica** – matriz das relações sociais do capitalismo – na **prisão**, abrindo novas possibilidades de exploração do trabalho carcerário por empresários privados. (Santos, citado por Giamberardino; Roig; Carvalho, 2019, p. 157, grifo do original)

Desta feita, durante todo o século XIX, tanto um quanto o outro modelo punitivo foram compatíveis com o objetivo mais importante e oculto da execução penitenciária no que tange ao trabalho: "reduzir os custos de produção de alguns setores industriais e de, por conseguinte, colocar por meio da concorrência – um freio ao aumento do nível salarial" (Melossi; Pavarini, 2017, p. 192). Novamente a parceria firmada entre capital e prisão a fim de extrair o máximo da mais-valia do interno entrou em crise, determinando o fim do cárcere como empresa produtiva em meados de 1920, ao passo que a extração da mais-valia demandava uma exploração destruidora da força de trabalho e o compromisso entre o setor privado investidor e juízes, para transformar penas curtas em longos cumprimentos penitenciários. Havia, do outro lado da trincheira, a luta de sindicatos e organizações operárias contra a competição do trabalho carcerário e o constante impasse antieconômico decorrente das dificuldades de industrialização do trabalho carcerário em época de avanço tecnológico desenfreado (Santos, citado por Giamberardino; Roig; Carvalho, 2019).

Portanto, o papel do cárcere é de "instituição coercitiva para transformar o criminoso não proprietário no proletário não perigoso, um sujeito com necessidades reais, adaptado à disciplina do trabalho assalariado" (Santos, citado por Giamberardino; Roig; Carvalho, 2019, p. 157), de modo que o enraizamento do controle social da criminalidade nos fundamentos econômicos e políticos das sociedades contemporâneas instrumentalizam o exercício do poder punitivo para corresponder às respectivas lógicas produtivas.

— 3.4 —
Sistemas penitenciários e a exploração da força de trabalho

O paradigma capitalista fez dos sistemas penitenciários instrumento principal de exploração da força de trabalho do preso na proporção em que lhe fosse mais conveniente para maior extração da mais-valia dentro e fora do cárcere. Em outras palavras, podemos dizer que "todo sistema de produção descobre o sistema de punição que corresponde às suas relações produtivas" (Santos, citado por Giamberardino; Roig; Carvalho, 2019, p. 156).

A teorização que sustenta formalmente a lógica punitiva dos trabalhos penitenciários parte do conceito da pena como retribuição equivalente pelo crime cometido e, percebendo a riqueza social por meio do trabalho abstrato medido pelo tempo, entende o salário como retribuição **justa** – equivalente – pelo trabalho nas relações jurídicas do mercado livre. Assim, quando se trata de retribuição do salário para o sujeito preso-trabalhador, enfrenta-se uma dupla ambiguidade porque não há nenhuma relação de proporcionalidade, "nem com a prestação de trabalho do interno, nem com o nível salarial dominante no mercado livre" (Melossi; Pavarini, 2017, p. 193).

Os principais sistemas jurídicos de emprego da força de trabalho carcerária conhecidos na América foram o *public account*, o *contract*, o *piece-price*, o *lease*, o *state-use* e o *publicworks*, cujo predomínio de um sobre outro se condicionava por algumas variáveis, tais como:

- a forte influência das entidades privadas a fim de se utilizarem do trabalho penitenciário como ferramenta de retenção da valorização do trabalho e, por conseguinte, do salário fruto da mão de obra livre – como a mão de obra do preso em algumas circunstâncias não era remunerada, por ser essencialmente um trabalho forçado e de natureza jurídica punitiva em razão do crime cometido, o produto desse trabalho se inseria facilmente no mercado livre a preços imbatíveis muitas vezes, o que fomentava o segundo fator, a seguir, relevante para estabelecer a vigência de um dos sistemas;
- a resistência das organizações da classe operária;
- as realidades e as dificuldades econômicas enfrentadas pelas administrações a fim de industrializar o processo produtivo no interior das penitenciárias – o custo do trabalho penitenciário não poderia superar as expectativas de ganho financeiro;
- a predominância de uma economia agrícola, manufatureira ou industrial;

- as razões de cunho humanitário, reeducativo e medicinal que – falsamente – articulavam o discurso quando a exploração da força de trabalho interna se opunha aos interesses econômicos pelas outras interferências já citadas (Melossi; Pavarini, 2017).

A proposta do *state-use system* faz jus ao seu nome, que, traduzido, poderíamos dizer que é um *sistema de uso estatal*, pois se opõe à exploração privada do trabalho penitenciário principalmente pela possibilidade de sua utilização, a fim de gerar interferências no mercado livre e possibilitar ali uma competitividade insuperável. Nesse sentido, temos também o *public--works system*, que, diferentemente do *state-use system* de trabalho manufatureiro, em regra emprega os internos do sistema penitenciário em trabalhos públicos fora das prisões, tais como a construção de estradas, ferrovias ou de outros cárceres (Melossi; Pavarini, 2017).

Por sua vez, é no *public account* que "a instituição penitenciária se transforma em empresa: adquire as matérias-primas, organiza o processo produtivo e vende o produto no mercado livre a preços mais convenientes" (Melossi; Pavarini, 2017, p. 196), o que permite ao Estado auferir isoladamente para si os ganhos obtidos dessa pena-trabalho e atuar no mercado com preços extremamente competitivos em relação ao produto fruto do trabalho livre (assalariado), já que o **operário condenado** não era remunerado, não recebia salário pelo cumprimento da pena.

Doutra sorte, o *piece-price system* (sistema de preço por peça) tenta conciliar a gestão da disciplina e do trabalho pela administração pública à participação de um empresário privado na produção da mais-valia por meio do fornecimento de matérias-primas e, raramente, de utensílios e máquinas. Ao final do processo produtivo, o investidor privado recebe o produto acabado e paga o preço combinado por peça. Por fim, os produtos são levados ao mercado e o preso-interno recebe uma remuneração (Melossi; Pavarini, 2017).

O *contract system* é uma das modalidades mais utilizadas de emprego de mão de obra carcerária, pois nele o **empresário contratante** paga ao Estado determinado preço pela jornada de trabalho de cada empregado – é ele quem dirige e supervisiona os trabalhos penitenciários. Empregado em atividades no interior do cárcere, porém fora do controle da administração penitenciária, o preso-operário está "submetido a duas autoridades: à disciplina do trabalho, sob a direção do empresário, e à carcerária, no tempo em que não está trabalhando" (Melossi; Pavarini, 2017, p. 196-197). Dessa forma, a mão de obra carcerária é empregada com lucro, e as vantagens do Estado são garantidas. Esse era o principal sistema voltado à contenção da espiral salarial em razão da competição entre trabalho livre e trabalho carcerário, que, a depender da maré produtiva, pode reduzir a dimensão reeducativa à destruição – mesmo fisicamente – da força de trabalho (Melossi; Pavarini, 2017).

Por fim, é por meio do *leasing system* que o Estado aluga os internos a um empresário por um período determinado e por uma quantia certa. Nesse sistema, os fins capitais são fortemente evidenciados, pois,

> além de exacerbar o nível de exploração (assiste-se ao reaparecimento das formas mais brutais de punição corporal para os operários-internos que resistam à disciplina e aos ritmos de trabalho), gera um perigoso comprometimento dos órgãos judiciários com os interesses empresariais, e a sua consequência é a transformação das penas de curta duração em condenações de longo ou médio prazo. (Jackson, citado por Melossi; Pavarini, 2017, p. 198)

A execução penitenciária fundada no *solitary confinement*, conforme o modelo filadelfiano, parte da premissa de que o trabalho não precisa ser produtivo, já que sua função principal deve ser de instrumental do projeto hegemônico voltado à transformação do criminoso em um ser subordinado. Nesses termos, o sistema *public account* corresponde a essas necessidades independentemente da industrialização do processo, porque a administração penitenciária é que deve exercer a organização da produção e, com a não remuneração do trabalho dos internos, participa das articulações do mercado livre com espaçada vantagem. Esse foi o formato pelo qual se originou, historicamente, o trabalho carcerário em Newgate (1796), Virgínia (1797), Nova Jérsei (1799) e Massachussets (1802) (Melossi; Pavarini, 2017).

Com o passar dos anos, o *public account system* foi substituído pelo *contract system* em razão da baixa qualidade daquele frente ao processo de industrialização já em curso na produção livre. As grandes e novas máquinas, cada vez mais eficientes, acarretaram, entre outros fenômenos, a redução dos custos de produção e dos preços das mercadorias e, por consequência, "o efeito direto e imediato desta situação 'externa' foi uma elevada 'desocupação' da força de trabalho interna" (Melossi; Pavarini, 2017). Observavam-se três forças atuantes nesse cenário:

1. os reformadores, que pleiteavam por uma diferente utilização econômica das massas de internos;
2. a administração, que se lastimava pelo caráter antieconômico do trabalho penitenciário;
3. os empresários que prontamente se ofereciam para resolver o problema.

Na hipótese de vigência do *silent system*, o modelo de trabalho ideal é aquele subordinado ao de tipo industrial – *labor saving machines*: o *contract system*, no qual "o empresário contratante entra efetivamente na prisão, organiza eficientemente a produção, industrializa as oficinas, remunera parcialmente o trabalho, produz mercadorias não mais artesanais e garante, pessoalmente, a colocação do que é produzido no mercado livre" (Melossi; Pavarini, 2017, p. 199). A força da atuação do empresário capitalista na penitenciária somada à pedagogia do *silent system* transforma o cárcere em fábrica, impondo ao preso-trabalhador a disciplina do trabalho e explorando a mais-valia cada vez mais.

A dinâmica que envolve os eventos do contexto da produção reflete nas engrenagens do Estado, do poder e do cárcere, de modo que as práticas penitenciárias oscilam entre condições negativas, com finalidades destrutivas, e positivas, com intenções humanitárias, produtivas e reeducativas. Além de toda concepção econômica, a finalidade principal do cárcere não estava centrada na produção de mercadorias, mas na (re)programação de sujeitos proletários, disciplinados e aptos ao trabalho.

— 3.5 —
Quem é o inimigo no direito penal?[1]

Muito embora os discursos jurídico-penais que buscam justificar a existência do cárcere tenham como fundamento de legitimidade a premissa de que a norma incriminadora é geral e abstrata, pautada na igualdade de todos os seus destinatários perante a lei, essa narrativa não se confirma quando confrontada com os processos de criminalização e aprisionamento, pela incidência específica do poder punitivo sobre determinada classe social. Isso ocorre porque o sistema penal – que se sustenta sobre a pena de prisão – reflete a desigualdade de seu sistema

---

1 Esta seção reproduz trechos da dissertação de mestrado da autora deste livro: SAITO, T. **O sistema punitivo e a crise da ideologia legitimante do cárcere**: um discurso histórico sobre reeducação e reinserção. 2018. Dissertação (Mestrado em Direito) – Centro Universitário Internacional Uninter, Curitiba, 2018. Disponível em: <https://www.uninter.com/mestrado/wp-content/uploads/2020/07/TIEMI-SAITO.docx>. Acesso em: 20 maio 2023.

econômico para o qual foi criado e o qual busca constantemente garantir a manutenção.

Os estudos históricos acerca da incidência verticalizada e específica do poder punitivo, principalmente sobre determinada classe social, indicam que a taxa de criminalidade está intimamente ligada à estabilidade econômica e político-social. É nesse sentido que

> O período de estabilização trouxe uma queda da criminalidade para o nível do pré-guerra, e a política penal mostrou uma tendência pronunciada de suavização. A crise trouxe uma nova onda de criminalidade em 1932 e uma ligeira severidade nas penas. A conclusão é inegável. Uma vez mais, vemos que a taxa de criminalidade não é afetada pela política penal, mas está intimamente dependente do desenvolvimento econômico. (Rusche; Kirchheimer, 2004, p. 273)

Em virtude dessas premissas estruturais e da incidência seletiva do sistema penal em razão de funções econômicas, Loïc Wacquant (2015, p. 16) afirma que "a prisão simboliza divisões materiais e materializa relações de poder simbólico; sua operação reúne desigualdade e identidade, funde dominação e significação, e conecta as paixões e os interesses que perpassam e agitam a sociedade".

A seletividade estrutural basilar sobre a qual incide fortemente o poder punitivo desde os primórdios evidencia-se no decorrer dos contextos históricos, os quais giram em torno da passagem do medievo para a modernidade, apresentando de maneira latente o conflito de classes em problemáticas sociais desde o campo cultural até o campo jurídico e político.

Como bem fundamentam Genelhú e Scheerer (2017), de modo geral, é possível dizer que o sistema penal é dividido em duas classes de pessoas: a primeira é composta por pessoas influentes, resistentes e invulneráveis que provavelmente jamais serão encarceradas, até por que o cárcere funciona a seu favor – o que não significa dizer que não cometam crimes, mas que, por alguma razão, não são selecionadas pelo sistema; ao passo que a segunda classe é constituída de pessoas dominadas, resignadas e vulneráveis, "(pessoas sem papel, invisíveis sociais, traficantes de droga, afrodescendentes, desprovidos de renda, etc.), que podem ser encarceradas a qualquer momento e independente de um motivo" (Genelhú; Scheerer, 2017, p. 207).

Para Carvalho (2013c), a seleção dos indesejados pode ocorrer em três momentos distintos. No primeiro, em razão da tipificação dos crimes em abstrato – cuja extensão de delitos é extensa e seu foco se concentra em crimes marginais –, posteriormente em virtude do estabelecimento das penas correspondentes aos delitos – em um grande número de restrição de liberdade – e, por fim, mediante a perseguição direta, objetiva, tanto pelo inquérito policial – que escolhe e persegue o delinquente – quanto pelo processamento, condenação e cumprimento prisional. "Neste espetáculo [...], lá no cárcere são encontradas, em espetacular maioria, pessoas [...] maravilhosamente bem selecionadas pelo sistema: jovens, pobres, pretos, analfabetos, moradores da periferia, do sexo masculino". (Carvalho, 2013c, p. 130)

Por sua vez, sustenta Baratta (2011), que a criminalidade não seria mais uma qualidade ontológica de determinados comportamentos ou indivíduos, mas se revela como um *status* atribuído e direcionado a determinados indivíduos, mediante uma dupla seleção:

> em primeiro lugar, a seleção de bens protegidos penalmente, e dos comportamentos ofensivos destes bens, descritos nos tipos penais; em segundo lugar, a seleção dos indivíduos estigmatizados entre todos os indivíduos que realizam infrações a normas penalmente sancionadas. A criminalidade é [...] um "bem negativo", distribuído desigualmente conforme a hierarquia dos interesses fixada no sistema socioeconômico e conforme a desigualdade social entre os indivíduos. (Baratta, 2011, p. 161)

Pela perspectiva de Baratta (2011), a verticalização do poder punitivo acontece primeiramente pela seleção dos bens a serem protegidos pelo direito penal e, como consequência, pela criminalização das condutas ofensivas a tais bens, definindo automaticamente os indivíduos a serem estigmatizados desigualmente.

No que se refere à definição de crimes, cumpre lembrar que eles são constituídos em prol das necessidades e interesses das classes hegemônicas nas relações de produção/circulação econômica, e do poder político das sociedades capitalistas, voltados assim à proteção específica de bens jurídicos específicos (Santos, 2017).

A definição privilegiada da elite no que se refere ao rol de condutas tipificadas como crime, bem como o terror da perseguição da classe que os comete acontecem a partir de uma jurisdição criminal que apenas em certo grau se diferencia das chamadas *medidas excepcionais aplicadas à guerra.*

> Assim as chamadas teorias do direito penal, que deduzem os princípios da política penal dos interesses da sociedade como um todo, estão praticando, consciente ou inconscientemente, uma deformação da realidade [...]. Qualquer sistema historicamente dado de políticas punitivas traz impresso em si os interesses de classe daquela classe que o realizou. (Pachukanis, 2017, p. 172)

Sua tendência é, portanto, privilegiar os interesses das classes dominantes – que os definem e estabelecem o *quantum* da pena – na proteção jurídica de bens específicos, imunizar o processo de criminalização de comportamentos sociais típicos dos indivíduos pertencentes a tais classes e, finalmente, direcionar o processo de criminalização às formas de desvio de conduta típicas das classes subalternas. Desse modo,

> a prisão ocupa um lugar central na construção seletiva do criminoso porque a ela compete a função de perpetuar a estigmatização dos indivíduos selecionados, rotulados e aprisionados como criminosos pelo sistema penal ("marginalização secundária", manutenção da escala vertical hierárquica da

sociedade), no baixo status social e na posição de inferiorização racial do qual provêm, ("marginalização primária), cocriando as condições subjetivas para o seu eterno retorno à prisão ("carreiras criminais", "desvio secundário"), na linguagem do sistema, "reincidência". A prisão é o rosto empírico mais fidedigno e mais dramático da teoria criminológica crítica. (Andrade, 2016, p. 76)

Em outras palavras, a prisão torna o processo de criminalização cíclico ao não cumprir suas promessas de ressocialização e marcar – não mais o corpo, mas a alma da – sua clientela com o estigma de criminoso, indigno e não merecedor de qualquer piedade ou chance de retorno à sociedade ainda que já tenha cumprido a pena que lhe foi imputada. Isso, pois o cárcere nada mais é do que um verdadeiro espaço

> que serve para confinar, à força, uma população legalmente estigmatizada, no interior da qual esta população desenvolve instituições, uma cultura e uma identidade desonrada que lhe são específicas. A prisão, portanto, é composta pelos mesmos quatro elementos fundamentais que conformam um gueto – estigma, coerção, confinamento físico, paralelismo e isolamento organizacionais – e isso ocorre por objetivos similares. (Wacquant, 2015, p. 346)

Nesse sentido, ao tipificar condutas específicas de determinada classe social, o direito penal inventa o criminoso. O desenha e constrói desde a tipificação de condutas ao definir modelos de etiqueta comportamentais desviados, partindo-se da premissa da criminologia etiológica (Dimoulis, 2016). Assim, o ciclo de criminalização seletiva do sistema penal carcerário vigente no modelo econômico capitalista constrói o criminoso, rotula-o, seleciona-o, persegue-o, condena-o, aprisiona-o, estigmatiza-o, despersonaliza-o e finalmente o liberta, para que, não sabendo mais conviver livremente, retorne para sua carreira criminal e continue o ciclo que lhe foi imposto, ensinado, imputado desde o primeiro contato com as amarras das teias penais. Mas isso pouco importa – para a sociedade punitiva –, pois faz parte do controle dos riscos manter os subordinados, pobres, sem patrimônio, sem bens, sem dignidade, malquistos, indesejados. Isso porque "não nos permitimos aniquilá-los fisicamente, então reservamos para eles um local menos indigno (a morte aos poucos): o cárcere" (Carvalho, 2013c, p. 129), bem longe dos bons, ricos, poderosos, influentes e dignos. E vai além daquele que é para o cárcere lançado, atinge seus amigos, familiares e toda sua descendência.

Contudo, não é apenas a proteção de bens jurídicos específicos, interesses e privilégios de uma classe econômica dominante que racionalizam a existência real do cárcere, mas no plano mais baixo da escalada social, o encarceramento "serve para neutralizar e estocar fisicamente as frações excedentes da classe operária, notadamente os membros despossuídos dos grupos estigmatizados que insistem em se manter 'em rebelião aberta contra seu ambiente social'" (Wacquant, 2015, p. 16).

Reforça-se, assim, a função desigual do sistema penal efetivamente no cárcere, ou seja, ao nível da "execução penal", que conclui a dinâmica de "repressão seletiva de marginalizados do mercado de trabalho e, portanto, sujeitos sem utilidade real para expandir o capital nas relações de produção/distribuição material da vida social" (Santos, 2017, p. 457).

Não podemos ignorar o fato de que, mesmo definidas como crimes, determinadas condutas não são investigadas e processadas, tampouco são reprimidas pela justiça criminal ou se tornam fundamento para aplicação da pena de prisão. Isso ocorre não por falta de previsão legal, mas em virtude do que Santos (2017, p. 457) aponta como sendo o "nível da aplicação de penas", que constitui uma evidente "estigmatização seletiva de indivíduos excluídos das relações de produção e de poder político na formação social".

Nesse sentido, é possível constatar que, efetivamente, o exercício do poder punitivo por meio da "a arbitrariedade e a seletividade da prisão demonstram que o seu conceito não é jurídico, mas sim político e econômico" (Genelhú; Scheerer, 2017, p. 254). E é em virtude dessa natureza discriminatória decorrente do sistema econômico desigual da sociedade hodierna, que "os tentáculos penais atingem a essência do estereótipo do criminoso, qual seja: pessoa pobre; negra; originária de regiões mais frágeis economicamente; desviada dos padrões da fabricada normalidade social" (Bizzotto, 2015, p. 37).

É preciso se pôr em pauta a crítica científica à ineficácia dos princípios da ideologia punitiva consubstanciada na correção, no trabalho forçado, na educação penitenciária, na modulação da pena, no controle técnico e pedagógico da correção, entre outros, uma vez que

> a seletividade, a reprodução da violência, a criação de condições para maiores condutas lesivas, a corrupção institucionalizada, a concentração de poder, a verticalização social e a destruição das relações horizontais ou comunitárias não são características conjunturais, mas estruturais do exercício do poder de todos os sistemas penais. (Zaffaroni, 2017, p. 15)

A sociedade, como um todo, tem de começar a compreender as relações que se estabelecem por trás das cortinas do teatro medieval que é o cárcere, perceber que aquele que foi preso talvez não teve uma série de serviços e condições mínimas de sobrevida, mas que, ao cumprir sua pena, vai retornar à sociedade e, quando voltar, apenas terá duas possibilidades – que não dependem só dele – ser efetivamente (re)ssocializado – pois, talvez nunca tenha sido socializado – ou, retomar a "carreira delitiva". Afinal, mais do que culpáveis, "o Estado e a sociedade são os grandes responsáveis pela falta de oportunidades subtraídas daquele que será arremessado em um lugar claustrofóbico com a finalidade de que se (re) socialize" (Genelhú; Scheerer, 2017, p. 172).

É nesse sentido que a coação do Estado transforma-se em violência ao perder a sua legitimidade; isso ocorre quando "vítimas de um sistema formal vigente não podem viver ou foram excluídos violenta e discursivamente de tal sistema". (Dussel, 2000, p. 546). Essa crise de legitimidade significa, portanto, a crise da reprodução da vida (a miséria dos dominados e excluídos), tornando-se intolerável e insustentável, diante do que se espera uma verdadeira "tomada de consciência" quanto aos sistemas dominantemente opressores, que causam morte e exclusão social.

Ora, é preciso repensar o sistema punitivo, desmistificando sua atuação (nada) igualitária, demonstrando que a finalidade que pretende legitimá-lo não é a que o mantém vigente e que o fim de sua história é requisito essencial para a vida humana digna, para uma verdadeira civilidade.

Capítulo 4

*Criminologia crítica e o fim
das prisões*

> "substituir o direito penal por qualquer coisa melhor somente poderá acontecer quando substituirmos a nossa sociedade por uma sociedade melhor."
>
> (Baratta, 2013, p. 207)

As correntes conservadoras e liberais da criminologia tradicional mantêm seus esforços no estudo de uma "minoria criminosa" – **criminalizada** –, ignorando as questões decorrentes da estrutura social e das instituições jurídicas e políticas e elaborando etiologias do crime fundadas em patologias individuais, genéticas, psicológicas, psiquiátricas, de patologia social, entre outras. Já a criminologia crítica propõe seus estudos de maneira sistemática, desenvolvendo-os sob o método dialético frente às categorias do materialismo histórico.

— 4.1 —
A criminologia radical

Criminologia radical é criminologia crítica! É a criminologia que surge como diferenciação e oposição à ideologia dominante impressa nas teorias criminológicas clássicas e que desenvolve seus conceitos na área do crime e do controle social por meio da perspectiva de classe, cujo centro é o proletariado. Assim, tais conceitos são enfrentados como fenômenos pertinentes ao processo social e necessariamente ligados à base material e à estrutura legal do capitalismo contemporâneo, de modo que "a economia política – ou melhor, a estrutura econômica em que se articulam as relações sociais no capitalismo – surge como o determinante primário da formação social, formalizado nas superestruturas jurídicas e políticas do Estado" (Santos, 2008, p. 6), o que inevitavelmente repercute nas esferas penais.

A criminalização primária (que define determinada conduta humana como crime pela sua tipicidade) e secundária (que, por meio das agências executivas e das estruturas da justiça criminal, captura, investiga, condena e encarcera de modo massificado, mas ao mesmo tempo seletivo) analisadas a partir das estatísticas de encarceramento contribuem para as investigações acerca da relação entre crime e formação econômico-social, evidenciando o fenômeno tido como criminoso na esfera de produção.

Desta feita, importa repensar o ponto de partida da criminologia dominante que dá respaldo às políticas criminais atuais e perceber o próprio conceito de crime como fato complexo e qualificado, que não existe por si, que não é uma realidade natural preexistente, mas uma criação. Assim, para a criminalização primária e secundária, respectivamente, "o crime é o que a lei, ou a justiça criminal, determina como crime, excluindo comportamentos não definidos legalmente como crimes, por mais danosos que sejam, ou comportamentos que, apesar de definidos como crimes, não são processados nem reprimidos pela justiça criminal" (Santos, 2008, p. 11), o que viabiliza a seletividade estrutural por meio desses mecanismos.

No que se refere ao constante conflito de interesses que envolvem as classes sociais, Baratta (2013, p. 198) ressalta que enquanto a classe dominante está interessada na contenção do desvio em limites que não prejudiquem a funcionalidade do sistema econômico-social e os próprios interesses e, por consequência, na manutenção da própria hegemonia no processo seletivo de definição e perseguição da criminalidade, as classes subalternas, ao contrário, estão interessadas em uma luta radical contra os comportamentos socialmente negativos, isto é, na superação das condições próprias do sistema socioeconômico capitalista.

Isso se explica, pois "o paradigma etiológico que cultiva o mito da conexão causal é superado, já que a criminalidade não é ontológica, mas atribuída por um processo de dupla seleção: dos bens protegidos e dos comportamentos dos indivíduos entre todos os que realizam infrações" (Batista, 2011, p. 89). Ou seja, retira-se do foco da criminalização a sensação de que a definição do criminoso se formaria por questões biológicas ou raciais, porém atribuindo-a aos mesmos destinatários por meio de uma dupla triagem: definição dos crimes e perseguição dos criminalizados. O rol de delitos seria estabelecido por um processo legislativo que afirma constituir uma norma penal abstrata e de alcance imparcial a uma sociedade pretensamente igualitária. Na realidade, pelo contrário, trata-se de uma gama de delitos marginais positivados, definidos pela elite, que busca proteger seus bens e interesses por meio da manutenção do sistema penal estratificado. Podemos dizer, portanto, que "a produção de normas penais promove uma simultânea seleção de tipos legais e de indivíduos estigmatizáveis: a estrutura de interesses protegidos (elites de poder econômico e político) e as condutas ofensivas desses interesses pré-selecionam os sujeitos estigmatizáveis" (Santos, 2008, p. 45).

Em outras palavras, a criminalidade constitui "um 'bem negativo', distribuído desigualmente conforme a hierarquia de interesses fixada no sistema socioeconômico e conforme a desigualdade social" (Baratta, 2013, p. 198), permitindo a proteção dos interesses político-econômicos dos poderosos, dos proprietários, dos donos de meios de produção, da classe que "não comete crimes".

Ao verificarmos a quantidade de incidências do encarceramento por tipos penais no Brasil, considerando os dados do Sistema de Informações do Departamento Penitenciário Nacional – Sisdepen (Brasil, 2019), temos a seguinte proporção:

Quadro 4.1 – Incidências de encarceramento por tipos penais no Brasil

Tipo penal	Quantidade de incidências	% sobre total
Crimes contra o patrimônio	504.108	50,96%
Drogas	200.583	20,28%
Crimes contra a pessoa	171.715	17,36%
Legislação pena especial	48.409	4,89%
Crimes contra a dignidade sexual	35.456	3,58%
Crimes contra a paz pública	22.148	2,24%
Crimes contra a fé pública	4.108	0,42%

(continua)

(Quadro 4.1 - conclusão)

Tipo penal	Quantidade de incidências	% sobre total
Crimes contra a administração pública	1.754	0,18%
Crimes particulares contra a administração pública	982	0,1%

Fonte: Brasil, 2019.

Não é por acaso que crimes de colarinho branco, crimes cometidos contra a administração pública, crimes como "a fixação monopolista de preços, evasão de impostos, corrupção governamental, poluição do meio ambiente, fraudes ao consumidor, e todas as formas de abuso de poder econômico e político, não aparecem nas estatísticas criminais" (Santos, 2008, p. 11). Logo, podemos dizer que

> Este desfalque nos índices de criminalidade é causado pelo que a doutrina aponta como **cifra oculta** do crime, que constitui a diferença entre a demanda delitiva que vem a conhecimento oficial da justiça criminal – por investigação, processo ou condenação criminal – e a realidade de crimes que ocorrem, às escuras, sem sequer denúncia às vezes; bem como pela **cifra dourada**, que reflete a criminalidade do 'colarinho branco' que é cometida em prejuízo da coletividade e dos cidadãos e em proveito das oligarquias econômico-financeiras. (CIRINO DOS SANTOS, 2008, p. 13). Assim, o conceito de crime se torna oscilante diante das estruturas sociais, uma vez que se configura a partir de uma incidência seletiva de tipos penais e condenações criminais, e não como reflexo de uma realidade criminal. (Saito, 2018, p. 26, grifo do original)

Torna-se ilusório, portanto, pautar as bases teóricas da criminologia sob o mito do direito penal igualitário, uma vez que a consequência político-criminal por ele adotada apresenta uma dupla função ideológica:

> a *proteção geral* de bens e interesses existe, realmente, como *proteção parcial*, que privilegia os interesses estruturais das classes dominantes; a *igualdade legal*, no sentido de igual posição em face da lei, ou de iguais chances de criminalização, existe, realmente, como *desigualdade penal*: os processos de criminalização dependem da posição social do autor e independem da gravidade do crime ou do dano social. (Baratta, 1978, p. 10, citado por Santos, 2008, p. 46-47, grifo do original)

Na prática, como veremos, a incidência específica do direito penal, desde a tipificação abstrata de condutas, até a aplicação e execução das sanções penais (multa, detenção e reclusão, nos variados regimes de cumprimento e tempo de pena) – dado seu caráter fragmentário – não permite transparecer a real proteção majoritária que se exerce principalmente sobre os interesses de grupos sociais dominantes, detentores de poder político e econômico.

Diante dessas concepções, "a política criminal é convertida em uma função instrumental de identificação dos *riscos sociais*; a pena é potencializada como ferramenta de neutralização ou eliminação dos dissidentes" (Carvalho, 2013b, p. 112), transformando as várias teorias justificantes do exercício do poder punitivo em discursos vazios em virtude de seus reais efeitos e razões existenciais: a separação de classes.

Assim, as prisões, no decorrer da história das penas, tornaram-se mecanismo garantidor das relações desiguais que se estendem desde o mercantilismo ao capitalismo, promovendo um controle social seletivo e demonstrando que os discursos oficiais, legitimantes de sua existência, são vazios e ocultam sua verdadeira finalidade – segregação dos marginalizados. Isso porque "a burguesia e classe trabalhadora são as forças históricas que definem os polos dialéticos da controvérsia teórica sobre o conceito de crime, uma questão científica decidida nas lutas sociais pela hegemonia ideológica e política da formação socioeconômica capitalista" (Santos, 2008, p. 49).

O cárcere não é apenas uma ferramenta de controle social, mas como tal exerce uma ameaça constante contra as classes dos estratos sociais mais baixos, objeto de exploração econômica e de dominação política, perpetuando o terror e a cultura do medo. Esse é seu objetivo oculto,

> disfarçado pelas "mistificações positivistas" do tratamento penitenciário, da reabilitação pessoal ou da ressocialização, pseudocientificismo que esconde o rigor punitivo e, de fato, aumenta o castigo, mediante técnicas de isolamento, privação sensorial ou administração de drogas psicotrópicas. (Santos, 2008, p. 28-29)

Para além do distanciamento definitivo entre o trabalhador e os meios de produção, seu afastamento do meio social, o cárcere, também marca e estigmatiza aquele que foi selecionado, promovendo a reprodução e a manutenção das desigualdades sociais capitalistas em duas etapas.

Esses indesejados formam um exército industrial de reserva qualificado negativamente "pela posição estrutural de marginalizado social (fora do mercado de trabalho) e pela imposição superestrutural de sanções estigmatizantes (dentro do sistema penal)" (Santos, 2008, p. 46).

Os discursos oficiais que repetidamente apresentam-se nos manuais de direito penal, nos programas televisivos, nos discursos eleitoreiros e nos almoços em família, quando minuciosamente analisados, camuflam interesses ocultos, manobras político-econômicas, teorizações jurídicas e ideologias dominantes voltadas à garantia e à manutenção da estrutura social. Assim, "o aparente fracasso dos sonhos corretivos penitenciários esconde seu principal objetivo: a organização das transgressões das leis numa tática geral de sujeições", diante da qual "a justiça criminal e o poder punitivo se transformam em um instrumento para o controle diferencial para as ilegalidades populares" (Batista, 2011, p. 96).

A análise do exercício do poder punitivo, atualmente levado a cabo por meio do cárcere – instrumento principal do sistema penal –, que sustenta e mantém a reprodução das desigualdades sociais, garantindo a separação da classe trabalhadora e daquela que detém os meios de produção, é o objeto sobre o qual a criminologia radical canaliza suas forças.

— 4.2 —
Em busca das penas perdidas[1]

Estudando mais a fundo os discursos jurídico-penais que buscam legitimar teoricamente a existência e manutenção do cárcere, Zaffaroni (2017) sustenta a deslegitimação da pena de prisão. Para ele, essa função – deslegitimante – decorre dos próprios fatos que permeiam a aplicação da pena privativa de liberdade, quais sejam, a crueldade, a tortura, o sofrimento, a morte e a dose de violência do aprisionamento periférico, que é quantitativa e qualitativamente diferenciada, como condição histórica concreta da formação social e econômica.

Nesse sentido, podemos dizer que seu trabalho se desenvolve sobre a perspectiva de que

> na América Latina a deslegitimação da prisão é fática, ou seja, advém dos próprios fatos, e o fato empírico mais deslegitimante das prisões latino-americanas, incluindo a prisão brasileira, é a crueldade, a tortura e a morte e a dose de violência do aprisionamento periférico é quantitativamente maior e qualitativamente diferenciada em relação ao centro capitalista,

---

[1] Esta seção reproduz trechos da dissertação de mestrado da autora deste livro: SAITO, T. **O sistema punitivo e a crise da ideologia legitimante do cárcere**: um discurso histórico sobre reeducação e reinserção. 2018. Dissertação (Mestrado em Direito) – Centro Universitário Internacional Uninter, Curitiba, 2018. Disponível em: <https://repositorio.uninter.com/bitstream/handle/1/563/tiemi%20O%20SISTEMA%20PUNITIVO%20E%20A%20CRISE%20DA%20IDEOLOGIA%20LEGITIMANTE%20DO%20C%c3%81RCERE.%20UM%20DISCURSO%20HIST%c3%93RICO%20SOBRE%20REEDUCA%c3%87%c3%83O%20E%20REINSER%c3%87%c3%83O.%20TIEMI%20SAITO..pdf?sequence=1&isAllowed=y>. Acesso em: 20 maio 2023.

o que tem a ver com as condições históricas concretas da nossa formação social e econômica. (Andrade, 2016, p. 790)

Portanto, a incidência dessa fúria punitiva recai diferenciadamente sobre a marginalidade social, constituindo um realismo jurídico penal marginal, além de todas as violações a dignidade da pessoa humana, as condições minimamente dignas de existência para o detento, todo sofrimento a ele infligido e que atinge também sua família e a sociedade como um todo.

Isso se verifica porque, por um lado, o discurso jurídico penal busca justificar-se sob o manto da segurança pública, tendo como argumentos já desgastados os da repressão, da prevenção, da neutralização, da ressocialização, entre outros; por outro, o sistema prisional está fundamentado estruturalmente na seletividade, reprodução da violência – que causa mais mortes do que a totalidade dos homicídios dolosos–, na elevada gama de condutas lesivas, corrupção institucionalizada, concentração do poder, verticalização social e a destruição das relações horizontais ou comunitárias.

Nesse sentido, ele sustenta que a realidade dos sistemas penais latino-americanos "jamais poderá adequar-se à planificação do discurso jurídico penal e que, por constituírem marcas de sua essência, não podem ser eliminadas, sem a supressão dos próprios sistemas penais" (Zaffaroni, 2017, p. 15).

Diante dessa evidente quebra de racionalidade é que se sustenta a perda da legitimidade do exercício do poder punitivo por meio de seus órgãos no que se refere ao cárcere. Ademais, devemos considerar que a ausência de legitimidade decorrente de um discurso vazio, que não pode ser suprida pela legalidade almejada por meio de normas penais cada vez mais rígidas, amplas e abstratas.

Fica, portanto, a cargo do poder legislativo estabelecer "enormes esferas de exercício arbitrário do poder de sequestro e estigmatização, de inspeção, controle, buscas irregulares" (Zaffaroni, 2017, p. 22). Os órgãos executores, por sua vez, agirão no sentido de selecionar os sujeitos sobre os quais tais normas incidem, que serão por fim, julgados e condenados judicialmente. Por tais razões,

> o verdadeiro e real poder do sistema penal não é o poder repressor que tem a mediação do órgão judicial. O poder não é mera repressão [...]; pelo contrário, seu exercício mais importante é positivo, configurador, sendo a repressão punitiva apenas um limite ao exercício do poder. (Zaffaroni, 2017, p. 22)

A fundamentação teórica que sustenta a deslegitimação dos sistemas penais e o desprestígio desenvolvido em relação aos discursos jurídicos-penais é resultado de um longo processo de revelação de dados reais que desmistificaram as ficções e as metáforas constituídas no sentido de uma sociedade organicista.

Tendo como pano de fundo o materialismo histórico, as correntes críticas da criminologia assumiram importante papel para deslegitimar o sistema penal, demonstrando o invariável exercício do poder punitivo voltado à manutenção das posições das classes sociais e do atual sistema econômico.

Neste sentido, apresenta-se a polêmica formulada por Pachukanis (2017, p. 172) ao definir o *direito* como "uma forma capitalista" burguesa e, por conseguinte, desqualificar a autoridade do direito jurídico em face do proletariado. Para o jurista soviético, o direito penal não pode e não deve ser entendido como apenas uma construção racional, uma vez que é fruto mistificado "de regras técnicas sociais".

A deslegitimação do sistema penal é também apontada por Baratta (2013) ao reclamar uma ciência que vá além da mera descrição da desigualdade jurídica no campo penal, mas que compreenda a função penal como reprodutora das relações sociais que geram a desigualdade, partindo da premissa de que essas relações não se baseiam apenas na distribuição desigual de bens e valores, mas nas próprias relações de produção.

Para Zaffaroni (2017), a função deslegitimante mais importante e irreversível do discurso jurídico-penal é realizada pelo interacionismo simbólico, cuja tese central define-se em razão de que tornamo-nos aquilo que os outros veem em nós, de maneira que a prisão cumpre, portanto, uma função reprodutora: "a pessoa rotulada como delinquente assume, finalmente, o papel que lhe é consignado" (Zaffaroni, 2017, p. 60). Assim sendo, as investigações interacionistas e fenomenológicas evidenciaram uma criminologia etiológica diante da qual a estigmatização que recai sobre o sujeito objeto do exercício do poder punitivo torna-o também objeto do processo de produção e reprodução do delinquente com base na teoria da rotulação.

Finalmente a corrente que mais se aproximou do realismo marginal de Zaffaroni partiu do descrédito das teorias do desenvolvimento que prometiam a extensão do progresso capitalista e bem-estar às regiões marginais frente ao não cumprimento de suas promessas e, pelo contrário, detendo-se bruscamente o crescimento econômico e caído o produto bruto em relação a essas regiões. Diante dessa realidade, fundamentou-se a teoria do paradigma da dependência, por meio da qual se sustenta que os fenômenos não são análogos aos centrais, mas sim deles derivados.

Em outras palavras, em virtude dos problemas estruturais – e não meramente conjunturais – demonstrados no desenvolvimento social, é possível constatar que

> o capitalismo central parece ser "centrípeto", acentuando-se cada vez mais, por um lado, a distância tecnológica entre o centro e as regiões marginais e, por outro, o contraste entre o esbanjamento de nossas classes médias e o endividamento de toda a região entre a desproteção da produção nacional. (Zaffaroni, 2017, p. 64)

É nessa perspectiva que Zaffaroni (2017) indica que o controle social exercido na região latino-americana – como resultado da transculturação promovida primeiramente pela revolução mercantil, pela revolução industrial e pela revolução tecnocientífica – representa uma dominação e exploração ilimitada que imputa seus efeitos especialmente sobre a região marginal em decorrência de sua condição de subdesenvolvimento, mantendo, assim, sua respectiva inferioridade.

Em que pese as fundamentações deslegitimantes apresentadas em relação aos argumentos tradicionais de repressão e prevenção, o sistema penal se mantém operante com fundamento no discurso jurídico-penal relegitimante sistêmico, que não se diferencia, em sua essência, da concepção organicista.

Considerando-se a concepção sistêmica, "o discurso jurídico penal seria o regulador do 'contrato social' frente às condutas 'desviadas', impondo-se autoritariamente de maneira que" (Saito, 2018, p. 36):

> a pena deixa de perseguir fins preventivo-gerais (admite-se que não evita que outros cometam delitos, mas isso não interessa), nem especiais (também se admite que não evita que o autor cometa novos delitos, e tampouco isso importa) tendo apenas o objetivo de garantir o consenso, isto é, de contribuir para o equilíbrio do sistema. (Zaffaroni, 2017, p. 86-87)

Verifica-se, nesses termos, que o discurso sistêmico admite a falsidade do discurso tradicional em face dos dados reais deslegitimantes do exercício do poder punitivo, entretanto, expõe como necessário, ou seja, "dos males o menor" que assim seja por ser funcional para a manutenção do "sistema social" (Zaffaroni, 2017, p. 87). Assim, assumir que a prisão não cumpre a função erigida por seu discurso oficial de existência é admitir o seu efetivo fracasso – deslegitimado – é reconhecer sua crise irreversível e estabelecer como meta inadiável a necessidade da busca por uma nova resposta à criminalidade. (Saito, 2018, p. 37)

Afinal, o sistema penal "deve ser lido não como arma de ataque, e sim como conjunto de garantias, pensando principalmente na parte mais fraca das relações processuais penais, que é o réu" (Dimoulis, 2016, p. 9). Não deve ser, portanto, utilizado como instrumento voltado ao fortalecimento do poder repressivo, mas sim como conjunto de procedimentos e garantias de direitos fundamentais de todas as pessoas (e principalmente daquelas que mais precisam por seu pertencimento à parcela da estrutura social marginalizada).

— 4.3 —
Crise da legitimação do cárcere[12]

Na perspectiva do discurso jurídico-penal que justifica e fundamenta o sistema penal e a aplicação de suas penas, entre

---

2   Esta seção reproduz trechos da dissertação de mestrado da autora deste livro: SAITO, T. **O sistema punitivo e a crise da ideologia legitimante do cárcere**: um discurso histórico sobre reeducação e reinserção. 2018. Dissertação (Mestrado em Direito) – Centro Universitário Internacional Uninter, Curitiba, 2018. Disponível em: <https://repositorio.uninter.com/bitstream/handle/1/563/tiemi%20O%20SISTEMA%20PUNITIVO%20E%20A%20CRISE%20DA%20IDEOLOGIA%20LEGITIMANTE%20DO%20C%c3%81RCERE.%20UM%20DISCURSO%20HIST%c3%93RICO%20SOBRE%20REEDUCA%c3%87%c3%83O%20E%20REINSER%c3%87%c3%83O.%20TIEMI%20SAITO..pdf?sequence=1&isAllowed=y>. Acesso em: 20 maio 2023.

elas a sua principal, qual seja a pena de prisão, passamos por fundamentos de teses retributivas, repressivas, preventivas (gerais e especiais) e, por fim, buscando relegitimar o sistema, neutralizantes.

Contudo, ainda que seja amplamente disseminado que a pena de prisão busca repreender, reeducar, ressocializar, consertar, neutralizar, ou seja, tornar dócil e submetido ao trabalho o delinquente para retornar à convivência em sociedade, tais intentos não passam de paradigmas fictícios de um discurso jurídico--penal autoritário, completamente alienado da vida real.

Para demonstrar a falibilidade do sistema prisional brasileiro e a inocorrência de qualquer ressocialização, basta que vejamos a perspectiva do encarceramento que foi levantada pelo Departamento Penitenciário Nacional, diante da qual a população prisional brasileira aumentou oito vezes entre 1990 e 2016, conforme o Gráfico 4.1, a seguir.

Gráfico 4.1 – Expansão da população prisional brasileira (números absolutos em milhares, 1990-2016)

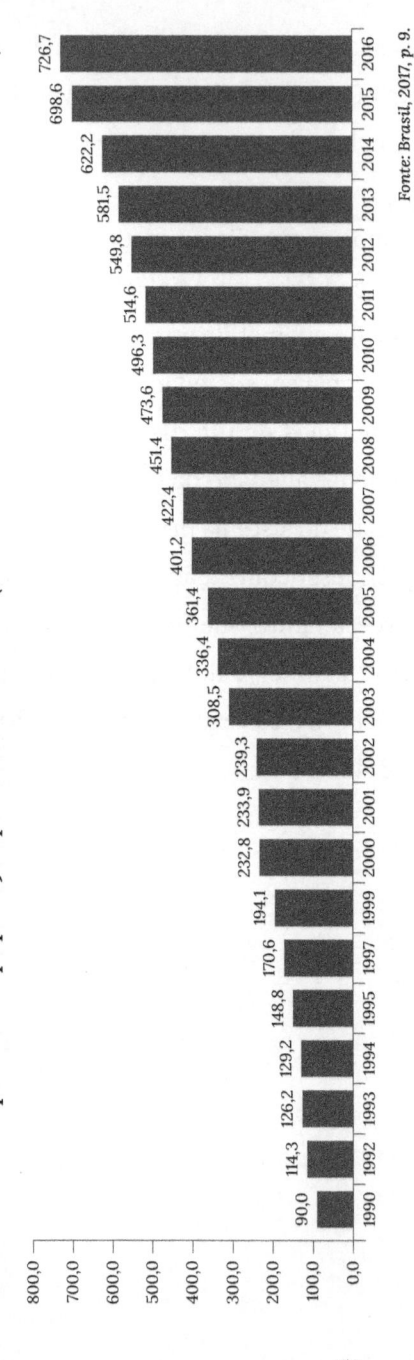

Ano	Valor
1990	90,0
1992	114,3
1993	126,2
1994	129,2
1995	148,8
1997	170,6
1999	194,1
2000	232,8
2001	233,9
2002	239,3
2003	308,5
2004	336,4
2005	361,4
2006	401,2
2007	422,4
2008	451,4
2009	473,6
2010	496,3
2011	514,6
2012	549,8
2013	581,5
2014	622,2
2015	698,6
2016	726,7

Fonte: Brasil, 2017, p. 9.

Em que pese o aumento exponencial do número de encarcerados até o final de 2016 ter atingido a terceira posição dos países com maior população prisional mundial, contando com aproximadamente 726 mil pessoas aprisionadas, a capacidade do sistema prisional era de 367.217 vagas em todo o país, o que corresponde a um déficit de 359.058 vagas (Brasil, 2017, p. 20-21).

A grande questão é que, ainda que o encarceramento em massa tenha superlotado os presídios brasileiros, não houve redução dos índices de violência, mas sim seu aumento, ou seja, não houve qualquer impacto positivo no sentido de ressocialização, pois

> o modelo de encarceramento que praticamos, infelizmente, alimenta um ciclo de violências que se projeta para toda a sociedade, reforçado por uma ambiência degradante em estabelecimentos que pouco ou minimamente estimulam qualquer proposta de transformação daqueles que ali estão. (CNJ, 2017)

Ainda que a prisão reforce a criminalidade pela convivência com outros agentes, ou que sua violência institucional intramuros, física e psicológica, tenha efeitos devastadores com profundezas desconhecidas do grande público, por outro lado é um êxito, no sentido de poder retribuir, incapacitar e excluir criminosos como algo "socialmente justo" – pela perspectiva sistêmica e punitiva.

Nesse sentido, a perspectiva crítica se posiciona ao identificar a ineficácia dos princípios e discursos jurídico-penais da ideologia punitiva – de correção, trabalho, educação penitenciária, modulação da pena, controle técnico da correção, etc. – declarando que a prisão "não reduz a criminalidade, provoca a reincidência, fabrica delinquentes e favorece a organização de criminosos"; de modo que "o 'poder penitenciário' se caracteriza por uma 'eficácia invertida', através da produção da reincidência criminal, e pelo 'isomorfismo reformista', com a reproposição do mesmo projeto fracassado em cada constatação histórica do seu fracasso" (Santos, 2008, p. 81).

Em 2015, as mazelas do sistema carcerário brasileiro tornaram-se parte da pauta de análise pelo Supremo Tribunal Federal na qual, por meio da Arguição de Descumprimento de Preceito Fundamental (ADPF) n. 347, discutiu-se a configuração do "estado de coisas inconstitucional e violação a direito fundamental" (Brasil, 2015).

O estado de coisas inconstitucional[13] se fundamentou na "violação generalizada e sistêmica de direitos fundamentais; inércia ou incapacidade reiterada e persistente das autoridades públicas em modificar a conjuntura; transgressões a exigir a atuação não apenas de um órgão, mas sim de uma pluralidade

---

3 O *estado de coisas inconstitucional* pode ser compreendido como uma técnica ou mecanismo jurídico por meio do qual a Corte Constitucional reconhece e declara um "quadro insuportável de violação de direitos fundamentais, decorrentes de atos comissivos e omissivos praticados por diferentes autoridades públicas, agravado pela inércia continuada dessas mesmas autoridades, de modo que apenas transformações estruturais da atuação do Poder Público podem modificar sua situação inconstitucional" (Campos, 2015).

de autoridades" (Brasil, 2015). Ademais, foi objeto de análise também para sanar as lesões sofridas pelos presos – seja por ação ou omissão estatal – a adoção de medidas e providências estruturais.

Em síntese, o Partido Socialista e Liberdade (PSOL) fundamentou seu requerimento em razão da superlotação dos presídios e das condições degradantes do sistema prisional, que tornam as prisões "verdadeiros infernos dantescos", chamando a atenção da Corte para

> Celas superlotadas, imundas e insalubres, proliferação de doenças infectocontagiosas, comida intragável, temperaturas extremas, falta de água potável e de produtos higiênicos básicos, homicídios frequentes, espancamentos, tortura e violação sexual contra os presos, praticadas tanto por outros detentos quanto por agentes do Estado, ausência de assistência judiciária adequada, bem como de acesso à educação, à saúde e ao trabalho. (Pereira, 2017)

Da análise do instrumento, o relator, após terem sido verificadas as preliminares e entendida como cabível a ação, entendeu que de fato, ocorreria violação generalizada de direitos fundamentais dos presos no que se refere à dignidade, higidez física e integridade psíquica em decorrência das condições do sistema prisional brasileiro. Nesse sentido, teriam sido transgredidos diversos dispositivos constitucionais, como o art. 1º, inciso III, o art. 5º, incisos III, XLII, XLVIII, LXXIV, e o art. 6º; normas internacionais de proteção aos direitos dos presos, entre elas o Pacto

Internacional dos Direitos Civis e Políticos, a Convenção contra a Tortura e outros Tratamentos e Penas Cruéis, Desumanos e Degradantes e a Convenção Americana de Direitos Humanos; e, ainda, normas infraconstitucionais, como a Lei de Execuções Penais e a Lei Complementar n. 79/1994, que criou o Fundo Penitenciário Nacional – Funpen (Brasil, 2015).

A medida liminar[4] foi deferida parcialmente, em um primeiro momento, para determinar que decretações ou manutenções de prisão provisórias devessem ser motivadas expressamente; que as audiências de custódia fossem realizadas em até 90 dias; que fosse viabilizado o comparecimento do preso

---

4 "Postulava-se o deferimento de liminar para que fosse determinado aos juízes e tribunais: a) que lançassem, em casos de decretação ou manutenção de prisão provisória, a motivação expressa pela qual não se aplicam medidas cautelares alternativas à privação de liberdade, estabelecidas no art. 319 do CPP; b) que, observados os artigos 9.3 do Pacto dos Direitos Civis e Políticos e 7.5 da Convenção Interamericana de Direitos Humanos, realizassem, em até 90 dias, audiências de custódia, viabilizando o comparecimento do preso perante a autoridade judiciária no prazo máximo de 24 horas, contadas do momento da prisão; c) que considerassem, fundamentadamente, o quadro dramático do sistema penitenciário brasileiro no momento de implemento de cautelares penais, na aplicação da pena e durante o processo de execução penal; d) que estabelecessem, quando possível, penas alternativas à prisão, ante a circunstância de a reclusão ser sistematicamente cumprida em condições muito mais severas do que as admitidas pelo arcabouço normativo; e) que viessem a abrandar os requisitos temporais para a fruição de benefícios e direitos dos presos, como a progressão de regime, o livramento condicional e a suspensão condicional da pena, quando reveladas as condições de cumprimento da pena mais severas do que as previstas na ordem jurídica em razão do quadro do sistema carcerário, preservando-se, assim, a proporcionalidade da sanção; f) que se abatesse da pena o tempo de prisão, se constatado que as condições de efetivo cumprimento são significativamente mais severas do que as previstas na ordem jurídica, de forma a compensar o ilícito estatal. Requeria-se, finalmente, que fosse determinado: g) ao CNJ que coordenasse mutirão carcerário a fim de revisar todos os processos de execução penal, em curso no País, que envolvessem a aplicação de pena privativa de liberdade, visando a adequá-los às medidas pleiteadas nas alíneas "e" e "f"; e h) à União que liberasse as verbas do Fundo Penitenciário Nacional – Funpen, abstendo-se de realizar novos contingenciamentos." – v. Informativos STF n. 796 e n. 797 (Brasil, 2015).

perante a autoridade judiciária em até 24 horas, a partir da prisão; que a situação carcerária dramática fosse levada em consideração no momento de concessão de cautelares penais, na aplicação da pena e durante o curso do processo de execução penal; que fossem estabelecidas, sempre que possível, penas alternativas à prisão, pois o cumprimento desta tem estado em condições muito mais severas do que as admitidas pelo ordenamento jurídico pátrio; que o Conselho Nacional de Justiça coordenasse mutirões carcerários a fim de viabilizar a imediata revisão de todos os processos de execução penal que estivessem em curso no Brasil e que se tratassem de pena privativa de liberdade (Brasil, 2015).

Contudo, muito embora se tenha comparado as prisões brasileiras às "masmorras medievais" e admitido que "a circunstância de que a reclusão" vem sendo "sistematicamente cumprida em condições muito mais severas do que as admitidas pelo arcabouço normativo", pois tem se apresentado como cruéis e degradantes, foi "indeferido o pedido de abrandamento dos requisitos temporais e abatimento do tempo de prisão em razão de condições desumanas do sistema carcerário", sob o frágil argumento de que "a disciplina legal a respeito dessa questão não poderia ser flexibilizada em abstrato" (Brasil, 2015). E, posteriormente, diversos outros pedidos de extrema relevância foram indeferidos, rejeitados e julgados como prejudicados.[15]

---

5   O Colegiado deferiu o item "b" e "h"; indeferiu os itens "a", "c", "d" e "e"; rejeitou o pedido da alínea "f"; julgou o pleito prejudicado em relação à alínea "g".

Não sendo mais possível sustentar o fictício discurso de que a prisão exerce na sociedade a função de ressocializar e reeducar aquele que delinquiu, o Supremo Tribunal Federal muito embora tenha "lavado suas mãos" no que se refere a algumas das medidas que poderia ter deferido, declarou que

> Os cárceres brasileiros, além de não servirem à ressocialização dos presos, fomentariam o aumento da criminalidade, pois transformariam pequenos delinquentes em "monstros do crime". A prova da ineficiência do sistema como política de segurança pública estaria nas altas taxas de reincidência. E o reincidente passaria a cometer crimes ainda mais graves. Consignou que a situação seria assustadora: dentro dos presídios, violações sistemáticas de direitos humanos; fora deles, aumento da criminalidade e da insegurança social. (Brasil, 2015)

Registrou, ainda, que os três poderes – Legislativo, Executivo e Judiciário – em todas as esferas são responsáveis pela situação atual, de modo que há problemas de formulação e implementação de políticas públicas, bem como de interpretação e aplicação da lei penal. Ademais, teria também como responsável a coordenação institucional no que tange à falta de medidas legislativas, administrativas e orçamentárias que ocasionam a iminente falha estrutural ofensa aos direitos humanos e fundamentais, bem como perpetuação e agravamento dessas violações.

No que se refere à atuação do Poder Público com relação a políticas criminais adotadas no Brasil, como bem fundamenta Santos (2008), não se leva em consideração programas oficiais como políticas públicas de emprego, salário digno, escolarização, moradia, saúde, entre outros, capazes de alterar ou reduzir as condições adversas da população marginalizada – definíveis como determinações estruturais do crime e da criminalidade. Assim, o que deveria ser política criminal do Estado se verifica, na prática, como simples política penal legislativa fundamentada basicamente na "definição de crimes, [na] aplicação de penas e [na] execução penal, como níveis sucessivos da política penal do Estado, que representam a única resposta oficial para a questão criminal" (Santos, 2008, p. 453).

Aparentemente a Corte deu dois passos à frente e três para trás, haja vista reconhecer que as condições prisionais são precárias, que o tratamento das pessoas que estão sob a custódia do Estado é degradante, ultrajante e indigno, que lhes são negados quaisquer direitos à existência mínima segura e salubre. Por outro lado, contrariamente às argumentações expostas, negou-se a considerar que o tempo na prisão nessas condições é punição que extrapola a razoabilidade da pena, tornando-a inconstitucional.

O Conselho Nacional do Ministério Público, por sua vez, emitiu relatório sobre capacidade e ocupação do cárcere por meio do "Sistema Prisional em Números", diante dos quais temos as perspectivas das tabelas a seguir:

Tabela 4.1 – Capacidade e ocupação do cárcere no Brasil (2015)

País	Região	Capacidade	Ocupação	Taxa de Ocupação
BRASIL	CENTRO-OESTE	34.747	93.727	269,74%
	NORDESTE	63.753	107.668	168,88%
	NORTE	30.466	45.447	149,17%
	SUDESTE	217.054	365.317	168,31%
	SUL	56.121	71.021	126,55%
	Total	402.141	683.180	169,89%

Fonte: CNPM, 2018, citado por Saito, 2018, p. 43.

Tabela 4.2 – Capacidade e ocupação do cárcere no Brasil (2016)

País	Região	Capacidade	Ocupação	Taxa de Ocupação
BRASIL	CENTRO-OESTE	34.079	64.642	189,68%
	NORDESTE	64.412	110.633	171,76%
	NORTE	31.255	49.086	157,05%
	SUDESTE	225.384	369.542	163,96%
	SUL	58.347	75.094	128,70%
	Total	413.477	668.997	161,80%

Fonte: CNPM, 2018, citado por Saito, 2018, p. 43.

Tabela 4.3 – Capacidade e ocupação do cárcere no Brasil (2017)

País	Região	Capacidade	Ocupação	Taxa de Ocupação
BRASIL	CENTRO-OESTE	34.358	67.220	195,65%
	NORDESTE	66.293	104.352	157,41%
	NORTE	32.821	66.409	202,34%
	SUDESTE	229.520	386.238	168,28%
	SUL	58.756	77.766	132,35%
	Total	421.748	701.985	166,45%

Fonte: CNPM, 2018, citado por Saito, 2018, p. 43.

No que se refere ao ano de 2015 (Tabela 4.1), verifica-se que a capacidade prisional era para 204.141 pessoas e, contudo, o sistema era ocupado por 683.180 pessoas, o que correspondia a uma taxa de ocupação de 169,89%. Já em 2016 (Tabela 4.2), a capacidade carcerária era para 413.477, ao passo que o número de pessoas que as ocupavam era de 668.997, perfazendo uma taxa de 161,80% de ocupação. Com relação ao ano de 2017 (Tabela 4.3), com base nos dados levantados pelo mesmo sistema, a capacidade carcerária era de 421.748 e contava com a ocupação de 701.985, o que correspondeu a uma taxa de ocupação de 166,45%.

Por outro lado, de acordo com o relatório emitido pelo "Banco Nacional de Monitoramento de Prisões" emitido pelo Conselho Nacional de Justiça, em 6 de agosto de 2018, foram cadastradas 602.217 pessoas privadas de liberdade no sistema. Contudo, a pesquisa fez a ressalva de que os estados do Rio Grande do Sul e de São Paulo não lograram êxito em concluir a alimentação dos dados necessários a tempo da publicação (CNJ, 2018).

Com base nos relatórios apresentados pelo Conselho Nacional de Justiça, contudo, temos a proporção de aproximadamente 40% dos presos "sem condenação" e, ainda 24% de presos em condição de execução provisória (cf. Gráfico 4.2). Nesse sentido, o quadro de superlotação prisional poderia ser facilmente solucionado se este fosse efetivamente o interesse do Poder Público.

Gráfico 4.2 – Situação dos presos brasileiros em 2018

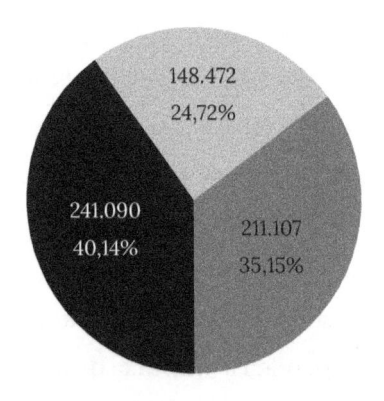

Presos - Penais

- 148.472 — 24,72%
- 241.090 — 40,14%
- 211.107 — 35,15%

○ Presos Condenados em Execução Provisória
● Presos Condenados em Execução Definitiva
● Presos sem Condenação

Fonte: CNJ, 2018.

Porém, além dos índices carcerários demonstrarem uma constante de aproximadamente 166,04% de taxa de ocupação dos presídios nos últimos 4 anos, o relatório emitido pelo Infopen do ano de 2016 demonstrou que apenas cerca de 12% dos presídios dispõem de atividades educacionais (cf. Tabela 4.4). Esse quadro, por sua vez também causa espanto, haja vista que um dos discursos jurídico-penais que buscam justificar o cárcere é o da reeducação e reinserção.

Tabela 4.4 – Indicadores da pretensa ressocialização da população carcerária brasileira (atividades educacionais)

UF	Pessoas em atividades de ensino escolar		Pessoas em atividades educacionais complementares		% total de pessoas presas em atividades educacionais
	N	%	N	%	
AC	226	4%	0	0%	4%
AL	367	6%	0	0%	6%
AM	907	9%	50	0%	9%
AP	49	2%	0	0%	2%
BA	2.296	18%	168	1%	20%
CE	1.701	7%	0	0%	7%
DF	1.6	11%	22	0%	11%
ES	3.66	19%	817	4%	23%
GO	506	3%	23	0%	3%
MA	887	12%	95	1%	13%
MG	8.06	13%	1.838	3%	15%
MS	1.239	7%	32	0%	7%
MT	1.316	13%	111	1%	14%
PA	1.259	9%	0	0%	9%
PB	1.089	10%	0	0%	10%
PE	5.062	15%	12	0%	15%
PI	382	9%	50	1%	11%
PR	5.723	14%	2.316	6%	19%
RJ	NI	NI	NI	NI	NI
RN	87	1%	48	1%	2%
RO	976	9%	191	2%	11%
RR	330	14%	0	0%	14%
RS	2.185	6%	158	0%	7%
SC	1.945	9%	839	4%	13%

(continua)

(Tabela 4.4 – conclusão)

UF	Pessoas em atividades de ensino escolar		Pessoas em atividades educacionais complementares		% total de pessoas presas em atividades educacionais
	N	%	N	%	
SE	240	5%	15	0%	5%
SP	19.092	8%	5.706	2%	10%
TO	458	13%	407	12%	25%
Brasil	61.642	10%	12.898	2%	12%

Fonte: Brasil, 2017, p. 53.

Nessa mesma toada, o levantamento da Infopen (2016) demonstrou que apenas 15% das pessoas privadas de liberdade estão em atividades laborais, conforme se verifica na Tabela 4.5:

Tabela 4.5 – Indicadores da pretensa ressocialização da população carcerária brasileira (atividades laborais)

UF	Pessoas trabalhando	% de pessoas trabalhando
AC	462	9%
AL	669	10%
AM	1291	13%
AP	591	22%
BA	1409	11%
CE	1045	5%
DF	2388	16%
ES	1760	9%
GO	1821	11%
MA	1008	13%
MG	18889	30%
MS	4607	25%
MT	1994	19%

(continua)

(Tabela 4.5 – conclusão)

UF	Pessoas trabalhando	% de pessoas trabalhando
PA	1637	12%
PB	716	6%
PE	2677	8%
PI	564	14%
PR	5777	14%
RJ	NI	NI
RN	89	1%
RO	1864	17%
RR	196	8%
RS	7947	24%
SC	3577	17%
SE	474	9%
SP	31756	13%
TO	711	21%
Brasil	**95919**	**15%**

Fonte: Brasil, 2017, p. 56.

Contudo, mesmo diante das medidas adotadas pelo Poder Público a fim de regularizar o estado de coisas inconstitucional, verifica-se que a ideia de impor ao criminoso o "pagamento" pelo descumprimento do contrato social com o mal que cometera ou tentar reestabelecer a ordem jurídica e a confiança na lei penal por meio da execução de pena seletiva sobre uma classe determinada, tem apenas aumentado cada vez mais a população carcerária, bem como os índices de criminalidade.

A questão é: se tais finalidades não se cumprem, como, então, e para que, a pena de cárcere se mantém? Afinal, se manter o crime sob controle é o objetivo do direito penal, reduzindo a criminalidade e reabilitando o indivíduo, a estatística não se mostrou até o momento favorável ao discurso justificante da pena.

O discurso oficial que busca legitimar a pena fundamentada principalmente sobre o cárcere, apresenta diversas incoerências, falhas ou discrepâncias ao atuar como fator criminógeno e não pedagógico. Invariavelmente, o que se tenta é adaptá-la, a fim de que a legitime em todos os seus aspectos – declarados e não apenas os ocultos –, mesmo que à força.

Sendo, portanto, incapaz de ressocializar e reeducar o dissidente, a pena de prisão encontra o pico da sua crise e procura funções ou utilidades secundárias para sua relegitimar sua existência. As funções do sistema prisional estão no plano discursivo de uma maneira e, no plano fático, de outra, de modo que a função latente e real

> do sistema penal não é [como se afirma,] combater e reduzir a criminalidade, protegendo bens jurídicos universais e gerando segurança pública e jurídica, mas, ao invés, construí-la seletiva e estigmatizantemente, e neste processo reproduzir, material e ideologicamente, as desigualdades e assimetrias sociais (de classe, de gênero, de raça). (Andrade, 2012, p. 136)

A perspectiva de proteção à classe dominante permanece vigente no atual cenário econômico político, pois, diante do sistema capitalista, aquele que não consegue nele se inserir ou se manter, seja como empreendedor, seja como trabalhador, é lançado automaticamente nas malhas do sistema penal. Como bem sustenta Souza (2022b) ao diagnosticar o **sistema capitalista** como o responsável pela organização de um **sistema penal** que captura os **excluídos** – aqueles que não lhes interessa – a fim de proteger a propriedade privada de todos aqueles que pertencem ao **sistema capitalista**.

Para tanto, o poder punitivo precisa ser fragmentado e atuante durante a criminalização de condutas, a investigação delitiva, o processamento e a condenação judicial, sua execução e a rotulação que todo ciclo gera, e que dá início a ele novamente, ao estigmatizar e rotular o delinquente.

Contudo, além de o poder punitivo ser exercido de maneira fragmentada e sua incidência ocorrer especificamente sobre uma classe predeterminada, as razões que o justificam não se cumprem na realidade, de modo que as consequências do insucesso de suas ficções legitimantes podem ser averiguadas diante dos dados de encarceramento do Brasil entre os anos de 1990 a 2018.

Nesse mesmo sentido, Carvalho (2013c) provoca repetidamente em suas obras a colisão de todas e quaisquer teorias da pena que visem justificar, legitimar e relegitimar o cárcere por meio de apenas um critério: a realidade.

> A existência do cárcere não logrou ter sustentação racional até hoje: todas as suas promessas legitimadoras são destruídas pela realidade [...] que demonstra ser ele destinado à vingança

e não inibe o crime, ao contrário: é fator criminógeno ante o pioramento do cidadão que para lá é destinado. (Carvalho, 2013c, p. 100)

Tal constatação não é novidade. É um fato já declarado por Foucault (1987) ao afirmar que "conhecem-se todos os inconvenientes da prisão, e sabe-se que é perigosa quando não inútil". Assim, assumir que a prisão não cumpre a função erigida por seu discurso oficial de existência é admitir o fracasso dos discursos que a sustentam do que decorre, por conseguinte, sua deslegitimidade empírica irremediável.

Contudo, não basta perceber que o fim utópico ao qual o cárcere se destina, jamais se cumprirá por uma incongruência eminente e contraditória, é preciso perceber a necessidade de seu fim – utópico. Mas esse fim (extinção) do cárcere deve ser a busca final, uma vez que diante dos critérios de factibilidade, é preciso traçar primeiramente o chamado *minimalismo penal*.

O entendimento esboçado pela corrente criminológica crítica aponta para um abolicionismo do sistema penal carcerário como fim utópico para sua verdadeira extinção, mas compreende que, nas atuais circunstâncias, tal medida não é possível. Esse é o motivo pelo qual algumas estratégias de política criminal devem urgentemente ser traçadas.

— 4.4 —
O fim (utópico) do cárcere no Manifesto para abolir as prisões[16]

A destrutividade em ação e em potência que o exercício do poder punitivo exerce por meio do cárcere, na realidade prática – central ou marginal –, não traz benefícios reais, mas apenas discursos fictícios responsáveis por manter as engrenagens de seu sistema em perfeito funcionamento.

Nesse sentido, como bem observa Carvalho (2013c), muito embora o atual cenário brasileiro apresente uma intensa "cólera punitivista" diante da qual se sustenta a criminalização de um rol cada vez mais aberto e extenso de condutas sociais como resposta inócua à insegurança social e incredibilidade do sistema penal, temos observado que as prisões ainda que superlotadas não diminuem a taxa de criminalidade; que a detenção não inibe a reincidência, mas a provoca. Ou seja, o cárcere, por si, favorece a organização indireta de um "meio de delinquentes", solidários entre si, hierarquizados e prontos para quaisquer cumplicidades futuras (Carvalho, 2013c, p. 100).

---

6 Esta seção reproduz trechos da dissertação de mestrado da autora deste livro: SAITO, T. **O sistema punitivo e a crise da ideologia legitimante do cárcere**: um discurso histórico sobre reeducação e reinserção. 2018. Dissertação (Mestrado em Direito) – Centro Universitário Internacional Uninter, Curitiba, 2018. Disponível em: <https://repositorio.uninter.com/bitstream/handle/1/563/tiemi%20O%20SISTEMA%20PUNITIVO%20E%20A%20CRISE%20DA%20IDEOLOGIA%20LEGITIMANTE%20DO%20C%c3%81RCERE.%20UM%20DISCURSO%20HIST%c3%93RICO%20SOBRE%20REEDUCA%c3%87%c3%83O%20E%20REINSER%c3%87%c3%83O.%20TIEMI%20SAITO..pdf?sequence=1&isAllowed=y>. Acesso em: 20 maio 2023.

Assim sendo, diante da análise aprofundada sobre as razões políticas e econômicas que deram origem ao sistema de justiça criminal – que tem a prisão como pena principal – e que o mantém, podemos dizer que se trata de um instituto falido, demasiadamente violento, pejorativo, degradante e miserável.

O cárcere não logrou êxito no que se refere aos discursos jurídico-penais apresentados para legitimá-lo, mas apenas atingiu sucesso no que tange à manutenção de uma dinâmica social de luta de classes diante da qual aqueles que possuem a propriedade dos meios de produção em suas mãos são os mesmos que definem os delitos – principalmente como condutas típicas dos marginalizados – e, por outro lado, raramente são chamados a responder por suas condutas na esfera criminal.

Após as mais profundas análises descritas pela criminologia crítica e radical, tendo estas sido ratificadas pela tese de Zaffaroni (2017) ao deslegitimar o sistema penal frente às realidades empíricas, o caminho se estreita em direção a uma questão ética essencial que se impõe:

> pode-se escolher a vida – e desvalorizar o seu aniquilamento (do sistema penal) – ou pode-se escolher a valorização do sistema (com o consequente negativismo ou indiferença pelo aniquilamento da vida humana), mas também pode-se escolher não pensar e, em semelhante alienação covarde, cair no desprezível otimismo irresponsável. (Zaffaroni, 2017, p. 158)

O otimismo irresponsável (terceira opção) a que se refere Zaffaroni (2017) sequer busca analisar as funções do cárcere, as relações existentes por trás de suas engrenagens, simplesmente por acreditar que jamais será por ele requisitado. Ou seja,

> as poucas vezes em que as pessoas raciocinam sobre a prisão e o seu funcionamento elas o fazem de maneira não atuarial" sem, contudo, se dar conta de que "tamanho desinteresse pela questão prisional tem sido um dos gatilhos para que ela funcione cada vez mais autonomamente e com ainda mais discricionariedade. Se dela não discordamos é porque estamos satisfeitos com seu trabalho. (Genelhú; Scheerer, 2017, p. 287)

A escolha pela valorização do sistema, por sua vez, encontra fundamento no *fim* (finalidade oficial) *utópico do cárcere*, qual seja de garantir a ordem, reduzir a criminalidade, ressocializar, reeducar e neutralizar o delinquente. Contudo, tais fins não se cumpriram em toda a história das penas e jamais se cumprirão, uma vez que a existência do sistema econômico capitalista alimenta-se do encarceramento da massa excedente.

Por outro lado, sabendo que a prisão, além de não trazer benefício algum, é em sua essência violenta e degradante – razão pela qual não condiz com as finalidades erigidas por seu discurso jurídico-penal declarado, não condiz com uma sociedade justa e solidária e não consegue sustentar a bondade dos atos apregoada por Dussel (2000) - tem, portanto, como **fim (finalidade oculta) do cárcere** a manutenção do poder de uma classe hegemônica bem definida pelas relações de mercado em detrimento da outra, ainda que custe a violência ou o esmagamento dos dominados.

Diante disso, adota a criminologia crítica a primeira alternativa de Zaffaroni (2017), na escolha da luta pela vida humana digna, desvalorizando o aniquilamento do sistema, em razão da qual a presente prospecção parte do estabelecimento de critérios de factibilidade para que o **fim (extinção)** utópico do cárcere possa ser trilhado, tornando-o quiçá possivelmente fático tão breve quanto seja possível.

Para tanto, é importante estabelecer como ponto de partida que a prisão "como todos os outros métodos punitivos, é um método histórico e contingente, e, portanto, não é um método ontológico" (Andrade, 2016, p. 75), de modo que o aumento da insatisfação e de consciência crítica constitui os primeiros passos para que a coação legal punitiva perca efetivamente sua legitimidade e desmorone-se moralmente, criando-se assim a necessidade da ação em prol da ética da libertação dos povos.

Posicionando-se contrariamente ao sistema vigente, torna-se necessária a proposição de uma nova legitimidade por meio de critérios de verdade, validade e factibilidade críticos e intersubjetivos, de modo que

> a práxis de libertação como tática e estratégia, como realização de uma factibilidade ético-crítica, caminha sempre sobre o fio da navalha: entre o anarquismo anti-institucionalista e o reformismo integracionista. Por isso se deverão ter muito claros o critério e o princípio geral da práxis de libertação em referência às mediações para cumprir fins estratégicos enquadrados dentro dos princípios gerais prévios, ético e formal discursivo, como vimos, a fim de que, com factibilidade ético-critico, se possa negar efetivamente as causas da negação da vítima, como luta desconstrutiva que exige meios proporcionados àqueles contra os quais se trava a luta. (Dussel, 2000, p. 558)

Assim, a luta desconstrutiva do cárcere, de suas desigualdades e violências, impõe-se como medida ética e necessária para a libertação dos povos, em busca de uma verdadeira civilização humanizada. A proposição de uma mudança real da situação prisional em direção à sua abolição deve partir, portanto, de critérios de factibilidade.

Nessa corrente, é importante se estabelecer que

> La política, como arte de lo posible, entra en la conciencia actual a partir del momento en el cual el hombre empieza a modelar la sociedad según proyectos de una sociedad por hacer. Si bien ya antes se percibe el problema de lo posible en relación a la política, este se presenta como problema central

en cuanto se empieza a modelar la sociedad según criterios derivados de algunas leyes sociales, cuya consideración permite proyectar una sociedad futura y pensarla en función de un ordenamiento adecuado y humano de tales relaciones sociales.[17] (Hinkelammert, 1984, p. 11)

Portanto, o primeiro passo para pensarmos em uma solução para o caos prisional que está instaurado é refletir a respeito da projeção da sociedade que está por vir. Caso os rumos que se tem tomado, como se viu desde 1990 até 2018, se prolonguem por mais tempo, qual o resultado social que podemos esperar? Ao estabelecer um ideal, ainda que aparentemente utópico, criticando o que é "impossível" é que se pode definir o que é possível, ou seja, sem utopia, não há conhecimento da realidade.

Nesse sentido, é possível dizer que o aparente "problema da utopia" faz parte do processo da práxis do conhecimento diante do qual se vislumbra o impossível e se projeta o possível, pois

> La razón y la voluntad puras – es decir, la razón y la voluntad que prescinden de todo lo que se refiere a su factibilidad –, buscando la mejor realidad concebible, siempre conciben lo impossible, no importa a partir de qué critérios definan esta mejor realidad concebible. La definición y la concepción de

---

7 "A política, como a arte do possível, acessa a consciência atual a partir do momento no qual as pessoas começam a construir a sociedade de acordo com projetos de uma sociedade a ser realizada. Embora já tenha se percebido o problema do possível em relação à política, este se apresenta como problema central no momento que a sociedade começa a ser construída de acordo com critérios decorrentes das leis, cuja consideração permite projetar-se uma sociedade futura e pensá-la de acordo com um ordenamento adequado e humano dessas relações sociais" (tradução nossa).

lo imposible. Sujetando lo impossible al critério de la factibilidade, resulta lo posible.[18] (Hinkelammert, 1984, p. 24)

No caso, busca-se o definitivo fim do encarceramento de seres humanos, o "abolicionismo radical do sistema penal, ou seja, sua radical substituição por outras instâncias de solução dos conflitos" (Zaffaroni, 2017, p. 97). Esse é o fim (*extinção*) utópico que se propõe ao cárcere, afinal, como bem fundamenta Hulsman, o sistema penal é "um problema em si mesmo e, diante de sua crescente inutilidade na solução de conflitos, torna-se preferível aboli-lo totalmente como sistema repressivo" principalmente por três razões: "é um sistema que causa sofrimentos desnecessários que são distribuídos socialmente de modo injusto; não apresenta efeito positivo sobre as pessoas envolvidas no conflito; e é sumamente difícil de ser mantido sob controle" (Zaffaroni, 2017, p. 98).

Mathiesen, por sua vez, "vincula a existência do sistema penal à estrutura produtiva capitalista", buscando a abolição não apenas do sistema penal, como de todas as estruturas repressivas da sociedade (Zaffaroni, 2017, p. 101). Por sua vez, Nils Christie "destaca expressamente a destrutividade das relações comunitárias do sistema penal, seu caráter dissolvente das relações de

---

8 "A razão e a vontade puras – ou seja, a razão e a vontade que prescindem do que seja factível –, buscando a melhor realidade que se possa conceber, sempre concebem aquilo que é impossível, não importa com quais critérios se defina a melhor realidade do que é concebível. A definição e a concepção do impossível. Submetendo o impossível ao critério de factibilidade, resulta-se no que é possível" (tradução nossa).

horizontalidade e os consequentes perigos e danos da verticalização corporativa" (Zaffaroni, 2017, p. 101).

Todas essas ponderações encontram fundamento no materialismo histórico e têm bases teóricas sólidas para serem efetivadas, contudo, partindo de critérios de factibilidade, não se concretizam. É necessário, portanto, o enfrentamento de estratégias de uma política criminal coerente, medidas de descriminalização e despenalização, consumando-se a política de substitutivos penais em um movimento paulatino e seguro da prisão para a sociedade.

Nesse sentido, Batista (2011, p. 114) afirma que a criminologia "abolicionista, aquela que conhece a história do sistema penal (seu fracasso aparente e suas silentes vitórias), foi fértil em produzir projetos coletivos de redução de danos do poder punitivo em seu ápice, mas não conseguiu romper as barreiras" da governamentalidade do capitalismo contemporâneo. Razão pela qual se propõem medidas de um direito penal mínimo como pautas para os desafios atuais.

Arquitetada por Ferrajoli (2002) e Baratta (2013), o direito penal mínimo (minimalismo penal ou contração penal) "a exemplo do abolicionismo, nega a legitimidade do sistema penal, tal como hoje funciona, mas propõe uma alternativa mínima que considera como um mal menos necessário" como único meio de evitar danos maiores (vingança ilimitada) (Zaffaroni, 2017, p. 89, 95); visa promover a proteção aos direitos fundamentais diante do Estado Democrático de Direito, fazendo uso de critérios de racionalidade para limitar a intervenção do poder punitivo do Estado, utilizando-se deste apenas e tão somente como *ultima ratio* efetivamente.

É importante ressaltar que "o direito penal mínimo é, de maneira inquestionável, uma proposta a ser apoiada por todos os que deslegitimam o sistema penal, não como insuperável e, sim, como passagem ou trânsito para o abolicionismo, por mais inalcançável que este hoje pareça" (Zaffaroni, 2017, p. 106).

Nesse viés, Baratta (2013, p. 200) faz algumas indicações estratégicas voltadas para a elaboração e o desenvolvimento de uma "política criminal das classes subalternas", que é tratada por Zaffaroni (2017, p. 174) como "resposta político--criminal a partir do realismo marginal", buscando "reduzir o exercício do poder do sistema penal a fim de substituí-lo por formas efetivas de solução de conflitos".

Pontualmente, é importante esclarecer que política penal não se confunde com política criminal. A primeira pode ser utilizada como resposta à questão criminal no que tange ao exercício do poder punitivo do Estado, por meio da lei penal, sua aplicação, a execução das penas e medidas de segurança, por exemplo. Enquanto que a política criminal pode ser compreendida como a política de transformação social e institucional.

Nesse sentido, Baratta (2013) indica a necessidade de que a política criminal a ser adotada possa partir de uma teoria que reconheça a ligação existente entre a questão penal e as contradições estruturais que se exprimem sobre o plano das relações sociais de distribuição e produção. Sendo necessário, portanto, adoção de "uma política criminal alternativa coerente com a própria base teórica [...] em vista da transformação radical e da superação das relações sociais de produção capitalistas" (Baratta, 2013, p. 201).

O Estado deveria adotar políticas que atuassem diretamente na raiz dos problemas sociais, tais como as relacionadas a saúde, educação, trabalho, moradia, acesso à justiça, etc., do que políticas penais de criminalização e penalização. Seria necessário valorizar os meios alternativos de controle sem, contudo, fazer deles uma extensão do direito penal, retornando ao sistema repressivo tradicional.

Ademais, se deveria promover a contração máxima do sistema punitivo principalmente pelo estreitamento da legislação penal a fim de reduzir ao máximo seus tipos penais que atualmente no Brasil gira em torno de 1688 crimes, o que torna quase humanamente impossível não incorrer em nenhum delito ou conhecer a todos eles (Baratta, 2013).

A proposta cirúrgica de Genelhú e Scheerer (2017, p. 292) consiste em reduzir os tipos penais a "todos dolosos e consumados mediante o uso de violência", sendo eles: "a) homicídio; b) lesão corporal grave; c) maus tratos; d) roubo; e) latrocínio; f) sequestro mediante extorsão; g) estupro; h) tortura (prevista na legislação extravagante) e mais um ou outro", realocando todas as demais condutas delitivas aos outros ramos do direito. Infelizmente, a atual conjuntura da sociedade não permite ainda este tipo de medida "tão extrema", basta recordar das diversas discussões que foram enfrentadas junto ao Supremo Tribunal Federal há pouco por meio da Arguição de Descumprimento de Preceito Fundamental n. 442, referente à descriminalização do aborto. Contudo, o ideal é que aos poucos os crimes sejam absorvidos como ilícitos por outras formas de controle legal não estigmatizantes, que ocorrem no âmbito de outros ramos do direito, tais como direito civil, quando se tratasse, por exemplo, de crimes patrimoniais e sem violência contra a pessoa, como o furto, poderiam ser tratados como ilícitos civis passíveis de reparação do dano (indenização); os crimes de trânsito poderiam ser classificados apenas como ilícitos administrativos; os crimes cometidos em razão das relações de trabalho seriam julgados pelo direito trabalhista como ilícitos trabalhistas; e assim sucessivamente.

Ademais, não menos importante é a substituição das sanções penais por formas de controles não estigmatizantes, não encarceradoras, tais como o

> alargamento do sistema de medidas alternativas, pela ampliação das formas de suspensão condicional da pena e de liberdade condicional, pela introdução de formas de execução da pena detentiva em regime de semiliberdade, pela experimentação corajosa e a extensão do regime das permissões, por uma reavaliação em todos os sentidos do trabalho carcerário. (Baratta, 2013, p. 203)

Partindo do projeto coletivo de redução dos danos do poder punitivo, dentro de uma proposta minimalista penal, Batista (2011, p. 115) propõe a abertura dos muros das prisões "para sua comunicação com o mundo, seus amores, suas famílias, seus amigos", que deverá ocorrer "mediante a colaboração das entidades locais e, mais ainda, mediante a colaboração dos presos e das suas associações com organizações do movimento operário" (Baratta, 2013, p. 203), buscando limitar as consequências que o cárcere tem sobre a divisão artificial da classe.

Tendo falhado todas as tentativas supracitadas de limitação do exercício do poder punitivo, ainda como desafio de uma política criminal alternativa, Alessandro BARATTA sustenta que diante da perspectiva de um direito penal desigual, deve-se promover "uma reforma do processo, da organização judiciária, da polícia, com a finalidade de democratizar estes setores do aparato punitivo do Estado, para contrastar, também de tal modo, os fatores da criminalização seletiva que operam nestes níveis institucionais" (Baratta, 2013, p. 203). Essa medida se impõe como necessária, pois não apenas os aparatos de política penal devem ser reformados, mas também a consciência de todos aqueles que fazem parte da extensão do exercício do poder punitivo e cumprem suas funções pautadas em seus maiores preconceitos de base criminológica e etiológica. É preciso apresentar a criminologia crítica e radical para que haja uma verdadeira redução da seletividade estrutural por meio da atuação dos agentes do Estado, ainda que as medidas antecessoras não possam ser implantadas.

Seguindo essa vertente, devemos mencionar o movimento crítico do direito alternativo cuja finalidade é conter a intervenção penal do Estado em relação aos direitos e às garantias fundamentais, principalmente em defesa do mais débil, seja ele a vítima, em um primeiro momento, seja ele o acusado, réu e/ou condenado durante e após a persecução penal. Afinal, é sobre essa constante "dança de posições de fragilidade" que "as garantias expressam os direitos fundamentais dos cidadãos contra o poderio estatal das engrenagens punitivas, resguardando-se os marginalizados frente às pessoas que compõem as maiorias socialmente integradas" (Bizzatto, 2015, p. 25).

A corrente do direito alternativo teve origem na magistratura democrática italiana, no final da década de 1960 (Andrade, 2016). Essa vertente atingiu também a magistratura brasileira do Rio Grande do Sul, entre 1980 e 1990, que, pautado no materialismo histórico, trouxe a dignidade da pessoa humana ao centro das discussões teóricas e dogmáticas, voltando-se a uma aplicabilidade da lei penal que vise assegurar, a todo cidadão de classe média e baixa, o acesso efetivo ao direito, imunizando--se as imposições legislativas da burguesia.

Nesse sentido, Carvalho (2013c, p. 89) sustenta que o direito alternativo conduz à "atuação jurídica comprometida com a busca da vida com dignidade para todos, ambicionando emancipação popular com abertura de espaços democráticos, tornando-se instrumento de defesa/libertação contra a dominação imposta". Desmistificou, portanto, a igualdade apregoada pelo positivismo jurídico, indicando que inexiste neutralidade do Estado tanto na produção do direito quanto em sua aplicação, mas que o direito assume um papel político e é utilizado como instrumento de um aparelho de dominação que trabalha a favor do poder que o criou.

Uma das principais táticas apontadas por Zaffaroni (2017, p. 175) para o intento que aqui se constrói é "introduzir um discurso diferente e não violento nas fábricas reprodutoras da ideologia do sistema penal", partindo da premissa de criar uma realidade e colher os reais resultados dela. Dessa forma, o principal veículo de propagação do crime deveria ser contido, qual sejam os meios de comunicação de massa.

Para o autor, os materiais de diversão (séries, filmes, etc.) deveriam contar com "exigência de papéis menos violentos – 'não psicóticos, nem paternalistas' – para os operadores dos sistemas penais, podendo proteger-se este material como se faz com qualquer outro produto da indústria nacional" (Zaffaroni, 2017, p. 175). As notícias televisivas deveriam ser previamente submetidas a um controle técnico a fim de evitar a difusão de mensagens reprodutoras ou instigadoras públicas de violências, de uso de armas, consumo de tóxicos, condutas suicidas ou atos delitivos em geral. Primeiramente, porque essas metamensagens têm o condão de reproduzirem-se na realidade e, em um segundo plano, formam o convencimento punitivista popular.

Sobre a narrativa de que tal medida seria lesiva à liberdade de expressão, Zaffaroni (2017, p. 176) argumenta que o amplo direito à informação não é limitado quando não se impede a circulação das notícias, mas quando se proíbe de inventar fatos violentos não ocorridos, mostrar pela televisão cadáveres despedaçados, explorar a dor alheia surpreendendo declarações de vítimas desoladas e desconcertadas, violar a privacidade de vítimas humildes e outros recursos semelhantes [...], isto é a propagação de mensagens irresponsáveis que constituem uma deslealdade comercial com o simples objetivo de obter audiência.

Nesse aspecto, vale citar o programa Uruguaio "Estrategia por la vida y la convivência", criado em 2012, que, buscando a redução da criminalidade, conta com diversas ações e, entre elas, a ponderação sobre a atuação dos meios de comunicação de massa televisivos. Fundamenta-se na justificativa de que esse não é um problema apenas quantitativo, mas também qualitativo, na medida em que a televisão não apenas "reflete a realidade como também pode ampliá-la e multiplicá-la, ao gerar imagens e informações" que ainda que despretensiosamente, acaba "exaltando a violência e estimulando condutas agressivas" (Veiga Dias, 2016).

Como resultado prático da proibição dos programas televisivos policialescos, o Uruguai zerou as mortes por tráfico de drogas. Isso porque "o efeito devastador que eles (veículos televisivos de comunicação de massa) produzem ao fabricar estereótipos e ao remarcar estigmas é impressionante, embora no mau sentido" (Genelhú; Scheerer, 2017, p. 278-279).

Uma medida que tem funcionado em diversos países é a chamada *numerus clausus*, que significa "número fechado", diante da qual o sistema prisional trabalha com base na própria capacidade receptiva. Desse modo, só se pode receber mais um dentro do cárcere se nele houver vaga disponível e, caso não haja, a entrada daquele que fora selecionado por último acarreta a liberação compulsória de outro.

Essa é uma das principais ferramentas que vai de encontro ao atual cenário brasileiro de uma taxa de ocupação carcerária de aproximadamente 166% e, nesse sentido, "a Corte Interamericana de Direitos Humanos condenou o Brasil a proibir a entrada de novos presos no IPPSC (Instituto Penal Plácido de Sá Carvalho), uma das 25 unidades prisionais do Complexo Penitenciário de Gericinó, em Bangu" (Vettorazzo, 2018).

Ao visitar o referido presídio, em 2016, a Corte constatou que, muito embora as instalações comportassem até 1.699 detentos, contava com 3.454 internos, o que atualmente já tem quase mil a mais. Por tal razão, determinou também a redução das penas dos presos que lá estão, sendo que cada dia de cumprimento deveria ser computado como dois, exceto aos presos condenados por crimes contra a vida, integridade física ou crimes sexuais.

Muito embora as recomendações da Corte Interamericana de Direitos Humanos não tenham sobre o Brasil força jurisdicional, certamente suas determinações ensejam algum tipo de resposta das autoridades nacionais, assim como foi o caso da Lei

Maria da Penha (Lei n. 11.340/2006). Contudo, há dois caminhos para que as decisões da Corte sejam colocadas em prática: o primeiro dependeria de um decreto presidencial, condição pouco provável no atual cenário político; e o segundo poderia o juiz da vara de execuções penais proibir novas entradas no presídio com base no texto editado pela Corte Interamericana ou apenas com fundamentos constitucionais e o próprio ordenamento jurídico pátrio – exercício do direito alternativo.

Diante das mais complexas reflexões sobre as medidas que podem ser adotadas para o fim utópico do cárcere, "nada é mais distópico que as promessas que a prisão não cumpre. E nada é mais real que o rastro de sofrimento que ela tem deixado, inclusive naqueles que estão supostamente distantes dela" (Genelhú; Scheerer, 2017, p. 302).

Considerações finais

As análises promovidas neste livro não têm o intento de esgotar as perspectivas historiográficas que fundamentam a criminologia crítica no decorrer dos anos e ao redor do mundo. Todavia, buscam demonstrar a você, leitor, que há muito mais do que as teorias clássicas, positivistas, punitivistas, midiáticas e tantas outras que já deve ter ouvido falar por trás do fenômeno da criminalização.

Assim, em um primeiro momento, foi preciso esclarecer as distintas ciências que estudam a questão criminal, ou seja, o sistema de justiça criminal, as razões teóricas de sua existência, sua definição, o processo voltado ao controle social e à seleção de seu público, bem como a política que legitima as ações punitivas promovidas pelo Poder Público. Entre tais abordagens, importa situar a criminologia não mais como ciência que, a serviço da ordem do Estado, referenda os parâmetros legais estabelecidos pelo direito penal na seletividade primária e secundária, mas que, de maneira crítica, estuda o fenômeno da criminalidade como fruto dos problemas decorrentes de uma sociedade desigual e que tem o direito penal como instrumento de dominação e exercício de poder.

Sem a pretensão de estabelecer um marco zero para os estudos criminológicos, a abordagem teórica que os inaugura nesta obra se fundamentou no conhecido *Malleus Malleficarum* – obra de Kramer e Sprenger, do período entre 1430 e 1505 –, um verdadeiro manual inquisitório que reúne conteúdos de direito penal, processo penal e criminologia de seu século. Nesse contexto, o poder punitivo era exercido pela aliança firmada entre o Império e a Igreja, e a punição era tida como uma expiação pelo pecado/crime cometido, cujo discurso retributivo quantificava a pena pela quantidade de sofrimento físico atribuído ao condenado.

Se o crime representava uma afronta direta ao soberano e a Deus, sua comprovação poderia ocorrer aos mais altos custos, e a extinção por meio das penas corpóreas representava a vitória absoluta desses poderes, garantindo uma política punitiva de intimidação e medo. O cumprimento do santo ofício justificava todo e qualquer ato contra o mal, que era extremamente abstrato e perigoso, mas que, em regra, aliava-se às mulheres, que – na compreensão da época – eram mais propensas a compactuar com os intentos de Satanás, pois eram consideradas biologicamente inferiores. A criminologia demonóloga tratou de definir a feiticeira e de legitimar os atos sanguinários de tortura e suplícios para livrar a humanidade do mal.

Em 1631, a primeira edição da *Cautio Criminalis* rompeu com os discursos demonólogos ou médicos acerca da existência ou não de bruxas e passou a expor as aberrações desumanas que o processo inquisitório impunha às suas vítimas, demonstrando os interesses econômicos e políticos de manutenção do domínio das classes que detinham o poder pautado no processo de criminalização.

Mais adiante, ainda sob a égide da lógica punitivista absoluta, com os suplícios como foco do sistema de justiça criminal, o contexto socioeconômico impulsionou a mudança do pensamento jurídico em meados do século XVIII, a fim de que as massas criminalizadas, condenadas e que tiveram membros de seus corpos amputados pudessem ser úteis ao desenvolvimento social e, principalmente, à manutenção do domínio da Coroa. Até esse momento, as prisões exerciam a função cautelar de garantir que o criminoso fosse condenado.

Ademais, outro fator que ensejou a mudança do padrão das punições aplicadas na época foi a grande concentração daqueles expulsos do campo para os centros urbanos entre os séculos XV e XVI e que, naquele momento, formavam uma massa de desocupados e perigosos que não detinham meios de produção para trabalhar.

Assim, estabeleceu-se uma nova lógica sobre o sistema de penas para que o condenado – o qual outrora seria decapitado, queimado vivo ou teria seus membros amputados – pudesse ser corrigido e sua força de trabalho aproveitada. A pena deixou de recair sobre o corpo do sujeito condenado – o que o tornava improdutivo – e, a partir da disciplina e do bom adestramento, passou a hierarquizá-lo, treiná-lo, puni-lo com e para o trabalho. Dessa forma,

> Muito embora pautado no mito da igualdade, como ideário de um único tratamento para toda a espécie de crime, o cárcere se impõe como verdadeira marca de obediência e disciplina, cuja medida de tempo e produção projeta o rigor desigual das estruturas do capitalismo, garantindo a manutenção dos privilégios da classe burguesa. (Saito, 2018, p. 73)

A chamada *humanização das penas*, por meio do cárcere, foi um tanto quanto conveniente à realidade capitalista que se instaurou, buscando utilidade econômica nos mais diversos modelos de justiça criminal pelos quais transitou posteriormente. Portanto, o discurso legitimante das penas – em um primeiro momento, meramente retributivista, tendo a pena como uma espécie de punição pela quebra do contrato social ao qual todos estamos submetidos – passou a considerar as correntes do pensamento utilitarista para firmar um caráter simbólico para elas. Nesse sentido, surgiram as teorias da pena de prevenção geral e específica. A primeira é direcionada àqueles que não delinquiram, subdividindo-se em prevenção geral negativa, a fim de desestimular o cometimento de crimes por força moral, e prevenção geral positiva, restaurando a confiança da sociedade no sistema de justiça criminal e na própria letra da lei, pela punição aplicada ao que delinquiu. Por sua vez, a teoria da prevenção especial é voltada ao delinquente de modo negativo ao neutralizá-lo e de modo positivo disciplinando, ressocializando, reeducando e reinserindo-o na sociedade.

A tentativa de promover – dentro do possível – uma compreensão cronológica nos capítulos demonstrou que, por trás dos discursos legitimantes da pena, o exercício do poder punitivo sempre esteve atrelado ao exercício de poder: força física, poder político, poder econômico. Mas, para além disso, trouxe, no decorrer dos anos, ora o mero afastamento de indesejados, ora a essência de vingança. Nesses termos, a criminologia crítica compreende o fenômeno criminal como fato complexo e qualificado, que não existe por si, que não é uma realidade natural preexistente, mas uma criação (Saito, 2018) fruto da tipificação decorrente do processo legislativo, orquestrado pela coletividade que compõe os órgãos legislativos em poder.

Ocorre que os índices de encarceramento atuais demonstram a total falácia que sustenta as teorias legitimantes da pena por não cumprirem, na realidade prática, nenhum de seus intentos. Pelo contrário, verificou-se um aumento de aproximadamente 8 vezes no número de encarcerados de 1900 a 2016, chegando a uma taxa de aproximadamente 166% de superlotação nos últimos anos. Entre as condenações que, no ano de 2019, geraram cumprimento de pena nas prisões brasileiras, foi possível constatar que delitos de colarinho branco não chegaram a 1,0% das estatísticas e os crimes contra o patrimônio atingiram uma margem de 50,96%. Qual seria a razão dessa realidade?

A esse questionamento, a criminologia crítica responde que a criminalização seletiva acontece, em um primeiro momento, por meio da tipificação de condutas delitivas. A definição desses crimes, em grande parte delitos típicos de marginalizados, desempregados, portadores de patologias cognitivas e mentais, possibilita às agências punitivas que, com a criminalização secundária, o perfil do criminoso, aproximando-se de uma leitura lombrosiana, seja perseguido, processado e condenado. Por outro lado, a mesma sistemática permite que crimes de colarinho branco, crimes tributários, empresariais e contra a administração pública representem cifras insignificativas no cenário nacional e, até mesmo, as tão conhecidas cifras ocultas do crime. Significa dizer que tais crimes não ocorrem? Absolutamente não! Significa dizer que esses delitos não são perseguidos, processados e julgados como os demais.

A situação desumana de superlotação dos cárceres brasileiros foi objeto de discussão no STF em 2015 (ADPF n. 347), que impôs ao Poder Público a responsabilidade pelo estado degradante que "as masmorras medievais" dos presídios se encontravam, assumindo que, além de não ressocializarem os condenados, fomentavam o aumento da criminalidade por conta da violação sistemática aos direitos humanos.

Partindo da compreensão de que as prisões constituem ferramentas criadas para o exercício do poder punitivo, que as suas teorias legitimantes não cumprem e não têm condições de cumprir a promessa de um direito penal igualitário, que os resultados de sua existência têm sido catastróficos e que os índices não atestam um melhoramento da sociedade, mas rumam para um tratamento degradante, desumano e violento, talvez **a estrutura das revoluções científicas** (Khun, 2006) deva também marcar a mudança do paradigma carcerário no sistema de penas.

Ainda que, neste momento, o abolicionismo das prisões não tenha viabilidade fática, não restam dúvidas de que devem ser adotadas políticas criminais minimalistas e não meramente repressivas (punitivistas), as quais, com base nas contradições decorrentes das relações político-econômicas estruturais, adotem políticas preventivas para a redução da desigualdade social e para promover a saúde e a educação.

Referências

ALAGIA, A. **Fazer sofrer**: imagens do homem e da sociedade no direito penal. Tradução de Sérgio Lamarão. Rio de Janeiro: Revan, 2018.

ALBRECHT, P.-A. **Criminologia**: uma fundamentação para o direito penal. Tradução de Juarez Cirino dos Santos e Helena Schiessl Cardoso. Curitiba: ICPC; Rio de Janeiro: Lumen Juris, 2010.

ANDRADE, V. R. P. de. **Pelas mãos da criminologia**: o controle penal para além da (des)ilusão. Rio de Janeiro: Revan; ICC, 2012.

ANDRADE, V. R. P. de. Amilton Bueno de Carvalho no Movimento Direito Alternativo: contributo epistemológico, criminológico e político para a brasilidade democrática. In: CARVALHO, D. de et al. (Orgs.). **Para além do direito alternativo e do garantismo jurídico**: ensaios críticos em homenagem a Amilton Bueno de Carvalho. Rio de Janeiro: Lumen Juris, 2016. p. 63-87.

BARATTA, A. **Criminologia crítica e crítica do direito penal**. 6. ed. Rio de Janeiro: Revan, 2013.

BATISTA, V. M. **Introdução crítica à criminologia brasileira**. Rio de Janeiro: Revan, 2011.

BECCARIA, C. **Dos delitos e das penas**. Tradução de Neury Carvalho Lima. São Paulo: Hunter Books, 2012.

BECCARIA, C.; DI MARCHESE, B. **Questões criminais**. Tradução de Edson Bini. Bauru: Edipro, 2006.

BIZZOTTO, A. **A mão invisível do medo e o pensamento criminal libertário**. Florianópolis: Empório do Direito, 2015.

BOZZA, F. da S. **Teorias da pena:** do discurso jurídico à crítica criminóloga. Rio de Janeiro: Lumen Juris, 2015.

BRASIL. Decreto-lei n. 2.848, de 7 de dezembro de 1940. Código Penal. **Diário Oficial da União**, Brasília, DF, 31 dez. 1940. Disponível em: <https://www.planalto.gov.br/ccivil_03/decreto-lei/del2848compilado.htm>. Acesso em: 20 maio 2023.

BRASIL. Ministério da Justiça. Departamento Penitenciário Nacional. **Levantamento Nacional de Informações Penitenciárias – Infopen**. jun. 2016. Brasília: Ministério da Justiça e Segurança Pública, 2017. Disponível em: <https://www.conjur.com.br/dl/infopen-levantamento.pdf>. Acesso em: 20 maio 2023.

BRASIL. Ministério da Justiça. Departamento Penitenciário Nacional. **Sistema de Informações do Departamento Penitenciário Nacional – Sisdepen**. jul./dez. 2019. Disponível em: <https://www.gov.br/depen/pt-br/servicos/sisdepen/relatorios-e-manuais/relatorios/relatorios-analiticos/br/brasil-dez-2019.pdf>. Acesso em: 25 jan. 2023.

Brasil. Supremo Tribunal Federal. Medida Cautelar na Arguição de Descumprimento de Preceito Fundamental n. 347/DF, de 9 de setembro de 2015. Relator: Ministro Marco Aurélio. **Informativo STF**, Brasília, DF, 7 a 11 set. 2015. Disponível em: <https://www.stf.jus.br/arquivo/informativo/documento/informativo798.htm>. Acesso em: 20 maio 2023.

BUSATO, P. C. **Direito penal:** parte geral. 5. ed. São Paulo: Atlas, 2020. v. 1.

CAMPOS, C. A. de A. Estado de coisas inconstitucional e o litígio estrutural. **Consultor Jurídico**, 1º set. 2015. Disponível em: <https://www.conjur.com.br/2015-set-01/carlos-campos-estado-coisas-inconstitucional-litigio-estrutural>. Acesso em: 23 dez. 2022.

CARVALHO, A. B. de. **Eles, os juízes criminais, vistos por nós, os juízes criminais.** Rio de Janeiro: Lumen Juris, 2011.

CARVALHO, S. de. **Antimanual de criminologia.** 5. ed. São Paulo: Saraiva, 2013a.

CARVALHO, S. de. **Penas e medidas de segurança no direito penal brasileiro**: fundamentos e aplicação judicial. São Paulo: Saraiva, 2013b.

CARVALHO, A. B. de. **Direito penal a marteladas (algo sobre Nietzsche e o direito)**. Rio de Janeiro: Lumen Juris, 2013c.

CNJ – Conselho Nacional de Justiça. **Sistema carcerário e execução penal**. 2017. Disponível em: <http://www.cnj.jus.br/sistema-carcerario-e-execucao-penal/cidadania-nos-presidios>. Acesso em: 20 maio 2023.

CNJ – Conselho Nacional de Justiça. **Banco Nacional de Monitoramento de Prisões 2.0**: Cadastro Nacional de Presos. Brasília, 2018.

DIMOULIS, D. **Direito penal constitucional:** garantismo na perspectiva do pragmatismo jurídico-político. Belo Horizonte: Arraes Editores, 2016.

DUSSEL, E. **Ética da libertação na idade da globalização e exclusão.** Petrópolis: Vozes, 2000.

EYMERICH, N. **Manual dos inquisidores.** Rio de Janeiro: Rosa dos Tempos; Brasília: Ed. da UnB, 1993.

FERRAJOLI, L. **Direito e razão:** teoria do garantismo penal. 3. ed. São Paulo: RT, 2002.

FOUCAULT, M. **A verdade e as formas jurídicas.** Tradução de Roberto Cabral de Meio Machado e Eduardo Jardim Morais. 4. ed. Rio de Janeiro: Nau, 2013.

FOUCAULT, M. **Vigiar e punir:** nascimento da prisão. 27. ed. Tradução de Raquel Ramalhete. Petrópolis: Vozes, 1987.

FREUD, S. **O mal-estar na civilização.** Tradução de José Octávio de Aguiar Abreu. Rio de Janeiro: Imago, 1997.

GENELHÚ, R.; SCHEERER, S. **Manifesto para abolir as prisões.** Rio de Janeiro: Revan, 2017.

GIAMBERARDINO, A.; ROIG, R. D. E.; CARVALHO, S. de. (Org.). **Cárcere sem fábrica:** escritos em homenagem a Massimo Pavarini. Rio de Janeiro: Revan, 2019.

HEGEL, G. W. F. **Princípios da filosofia do direito.** São Paulo: M. Fontes, 1997.

HINKELAMMERT, F. **Crítica alarazón utópica.** San José da Costa Rica: Editorial DEI, 1984.

JAKOBS, G. **A imputação objetiva no direito penal.** Tradução de André Luís Callegari. 4. ed. rev. São Paulo: Revista dos Tribunais, 2013.

KANT, I. **Doutrina do direito.** Trad. Edson Bini. São Paulo: Ícone, 1993.

KUHN, T. S. **A estrutura das revoluções científicas**. São Paulo: Perspectiva, 2006.

KRAMER, H., SPRENGER, J. **O martelo das feiticeiras**. Trad. Paulo Fróes, Rose Marie Muraro e Carlos Byington. 5. ed. Rio de Janeiro: BestBolso, 2020.

LISZT, F. V. **La idea de fin en derecho penal**. México: Unam, 1994.

MELOSSI, D.; PAVARINI, M. **Cárcere e fábrica**: as origens do sistema penitenciário – séculos XVI-XIX. 2. ed. Rio de Janeiro: Revan, 2017.

MENDES, S. da R. **Criminologia feminista**: novos paradigmas. 2. ed. São Paulo: Saraiva, 2017.

OESTERLE, P. Friedrich Spee e a sua crítica à bruxaria. **Acta Scientiarum Human and Social Sciences**, v. 26, n. 1, p. 169-175, 2004. Disponível em: <https://doi.org/10.4025/actascihumansoc.v26i1.1572>. Acesso em: 20 maio 2023.

PACHUKANIS, E. B. **Teoria geral do direito e marxismo**. Tradução de Paula Vaz de Almvera. Rev. Alysson Leandro Mascaro e Pedro Mavoglio. São Paulo: Boitempo, 2017.

PAVARINI, M. El Grotesco de La Penologia Contemporánea. **Revista Brasileira de Ciências Criminais**, São Paulo, v. 81, 2009.

PAVARINI, M.; GIAMBERARDINO, A. **Teoria da pena e execução penal**: uma introdução crítica. Rio de Janeiro: Lumen Juris, 2011.

PEREIRA, L. M. O Estado de coisas inconstitucional e a violação dos direitos humanos no sistema prisional brasileiro. **Revista Interdisciplinar de Direitos Humanos**, Bauru, v. 5, n. 1, p. 167-190, jan./jun. 2017. Disponível em: <https://www3.faac.unesp.br/ridh/index.php/ridh/article/view/472/206>. Acesso em: 20 maio 2023.

RUSCHE, G.; KIRCHHEIMER, O. **Punição e estrutura social**. Tradução de Gizlene Neder. 2. ed. Rio de Janeiro: Revan, 2004.

SAITO, T. **O sistema punitivo e a crise da ideologia legitimante do cárcere**: um discurso histórico sobre reeducação e reinserção. 2018. Dissertação (Mestrado em Direito) – Centro Universitário Internacional Uninter, Curitiba, 2018. Disponível em: <https://repositorio.uninter.com/bitstream/handle/1/563/tiemi%20O%20SISTEMA%20PUNITIVO%20E%20A%20CRISE%20DA%20IDEOLOGIA%20LEGITIMANTE%20DO%20C%C3%81RCERE.%20UM%20DISCURSO%20HIST%C3%93RICO%20SOBRE%20REEDUCA%C3%87%C3%83O%20E%20REINSER%C3%87%C3%83O.%20TIEMI%20SAITO..pdf?sequence=1&isAllowed=y>. Acesso em: 20 maio 2023.

SANTOS, J. C. dos. **A criminologia radical**. 3. ed. Curitiba: ICPC; Lumen Juris, 2008.

SANTOS, J. C. dos. **Direito penal**: parte geral. 4. ed. Florianópolis: Conceito, 2011.

SANTOS, J. C. dos. **Direito penal**: parte geral. 7. ed. rev. atual. e ampl. Florianópolis, SC: Empório do Direito, 2017.

SOUZA, A. P. de. Direito penal e marxismo: "desenhando"... **Canal Ciências Criminais**, 11 ago. 2022a. Disponível em: <https://canalciencias criminais.com.br/direito-penal-e-marxismo-desenhando/>. Acesso em: 20 maio 2023.

SOUZA, A. P. de. Punição e estrutura social: um clássico da crimonologia crítica. **Canal Ciências Criminais**, 11 ago. 2022b. Disponível em: <https://canalcienciascriminais.com.br/punicao-estrutura-social/>. Acesso em: 20 maio 2023.

VEIGA DIAS, F. da. Punitivismo midiático nos programas policialescos e a regulação da comunicação no Brasil com base nos direitos de crianças e adolescentes: ensinamentos uruguaios com a Estrategia por la Vida y la Conviência. In: MAGGI, F. M.; DIVAN, G. A. (Coords.). **Criminologias e política criminal**. Florianópolis: Conpedi, 2016. p. 166-182.

VETTORAZZO, L. Corte de direitos humanos recomenda proibir novos presos em presídio de Bangu, no Rio. **Folha de S. Paulo**, 16 dez. 2018. Disponível em: <https://www1.folha.uol.com.br/cotidiano/2018/12/corte-de-direitos-humanos-recomenda-proibir-novos-presos-em-presidio-de-bangu-no-rio.shtml>. Acesso em: 20 maio 2023.

WACQUANT, L. **As prisões da miséria**. Tradução de Sérgio Lamarão. Rio de Janeiro: Revan, 2001.

WACQUANT, L. **Punir os pobres**. Tradução de Sérgio Lamarão. 3. ed. rev. e ampl. Rio de Janeiro: Zahar, 2015.

ZAFFARONI, E. R. **A questão criminal**. Tradução de Sérgio Lamarão. Rio de Janeiro: Revan, 2013.

ZAFFARONI, E. R. **A questão criminal**. Tradução de Sérgio Lamarão. 2. reimp. Rio de Janeiro: Revan, 2018.

ZAFFARONI, E. R. **Em busca das penas perdidas**: a perda da legitimidade do sistema penal. 5. ed. Tradução de Vânia Romano Pedrosa. Rio de Janeiro: Revan, 2017.

ZAFFARONI, E. R. **O inimigo no direito penal**. Rio de Janeiro: Revan, 2007.

ZAFFARONI, E. R. et al. **Direito penal brasileiro I**. Rio de Janeiro: Revan, 2019.

ZAFFARONI, E. R. et al. **Direito penal brasileiro II**. Rio de Janeiro: Revan, 2003.

ZAFFARONI, E. R.; PIERANGELI, J. H. **Manual de direito penal brasileiro**: parte geral. 14. ed. rev. e atual. São Paulo: Thomson Reuters Brasil, 2020.

Sobre a autora

Doutoranda em Educação e Novas Tecnologias pelo Centro Universitário Internacional Uninter, sob a orientação da Profa. Dra. Siderly do Carmo Dahle de Almeida e do Prof. Dr. Benhur Eleuterio Gaio. Mestra em Direito na área de Poder, Estado e Jurisdição pelo Centro Universitário Internacional Uninter, sob a orientação do Prof. Dr. André Peixoto de Souza (2019). Pós-Graduada em Criminologia e Política Criminal pelo Instituto de Criminologia e Política Criminal, sob orientação do Prof. Dr. Juarez Cirino dos Santos (2018). Pós-Graduada em Direito Público pela Escola da Magistratura Federal (2014). Pós-Graduada em Formação Docente para educação a distância pelo Centro Universitário Internacional Uninter (2020). Bacharela em Direito pelas Faculdades Opet (2012). Advogada Criminalista. Professora de Direito Penal, Processual Penal e Criminologia.

Impressão: Reproset